JN117214

訪問介護事業は消滅する

介護の神髄

堂前雄平 著

文芸社

はじめに

平成十二（二〇〇〇）年四月に発足した介護保険制度は、医療保険、年金保険、雇用保険、労働災害保険に次ぐ、我が国で五番目の社会保険制度である。二十一世紀を目前にしたこの年に新たな社会保険制度が誕生した背景には、まさしく時代の流れがあった。

二十世紀後半、戦後の日本の発展とともに飛躍的に延びた平均寿命と、三世代世帯の急速な減少などの社会的な変化が、高齢者の生き方を大きく変えていった。特に平均寿命の延長は高齢者を抱える家族の負担を増大させ、また認知症や寝たきりの老人が長期的に病院に入院することで医療費を圧迫することなどが大きな社会問題ともなっていた。

こうした問題を国として、社会として、解決するために導入された介護保険制度は、これから二十一世紀の日本が突入する超高齢化社会を万全に支えるための制度として、国民の大きな期待をもって誕生した、はずであった。

世界では介護保険制度を取り入れている国が数少ないなかで、我が国の制度はドイツを参考にしたものといわれている。そのドイツでは、二十年近くの歳月をかけて検討し、議論を重ねてきた経緯のなかで介護保険制度がスタートした。

それに比べ我が国では、平成七（一九九五）年頃から検討し始め、わずか五年間という非常に短期間の議論で導入されたことは、誠に拙速すぎたといわざるを得ない。

そこには我が国特有の、後先を考えずに実行あるのみで、不都合が生じたときにはその都度改正していけば良いという、非常に場当たり的な考え方がありはしなかったか。

こうして短い準備期間にもかかわらず見切り発車のようにスタートしてしまった制度だけに、発足から二十年を経過した今日、我が国の介護保険制度は様々な問題をはらみつつ大きな岐路に立たされているのが現状である。今後、この介護保険制度を継続するためには抜本的な改革が求められているといえよう。

突然起こった新型コロナウイルスの感染拡大への対応とは異なり、超高齢化社会を支える永久的な制度として確立させるべく議論を重ねてきたことを考えたときに、本制度は誠にお粗末としかいいようがない。なぜなら制度がスタートした当初から今日まで、利用者

さんの大半の人が口にすることは、

「契約時における自己の負担が大きく、大勢の関係者による度々の訪問が面倒くさくて神経をつかう」

「受けてはいけないサービスが多すぎる」

「サービスを受けるまでに時間がかかりすぎる」

「非常に使いづらい」

「サービス時間が極端に短縮され、ヘルパーに来てもらう意味があまりない」

「国は在宅介護をすすめようとしているが、実際は施設介護のほうを選ぶことになる」

「サービスは安かろう悪かろうの状態である」

等々、高齢者の本音が多く聞こえてくる。

独居の利用者さんにあっては、一人でできない不自由さは切実であり、制約の多い今の保険制度では、けっして充分とはいえないものである。

そして一方、制度を支える介護事業者の状況にあっても大きな問題が起きている。特に、介護従事者の現場離れが年々増加の一途をたどり、将来のホームヘルパー（訪問介護員ともいう）不足による訪問介護事業の行き詰まりは必至の状況なのである。

ホームヘルパーについては、雨、風、雪、あるいは暑さ、寒さ等の自然気象に関係なく、自転車を走らせながら決められた日時に必ず訪問しなければならないという過酷な状況に加え、ごく短時間のサービス提供に対し、往復一時間以上を要するなど移動時間のほうが長い、といったケースも数多く存在しているのだ。

このことは同時に、収入の少なさにも影響する。これがホームヘルパーが現場を去っていく最大の理由でもあり、ヘルパー不足の大きな問題であると考えられる。

一体このような利用者さんを含め介護事業者と、国の制度との齟齬（そご）のある状態が、なぜできてしまったのか。それは介護現場を自ら経験したこともない国の事務方によって作られた制度であるからにほかならないと私は常々思っている。

〝経験と継続は力なりで、すべてに勝る〟ということを直接体験していないお役人たちが、机上の論理だけで作った制度であるだけに、それがうまく機能していないということを現実が物語っている。

もちろん、国のお役人たちはなんの根拠もなく、また資料を参考にすることもなく、勝手気ままに法制化したり、文章化しているわけではけっしてないはずだ。しかしお役人の常套(じょうとう)手段ともいうべき方法、つまり一部の自治体をモデルケースとして予算配分し、その自治体からの報告書を基に事務的な作業をもって作り上げているというのが現状であろう。

しかもその報告書にあっては、短期間の都合の良い部分だけを現場の声として文章化したものを国に提出しているのではないかと思ってしまう。利用者さんの日常生活や本音等が反映されているのか、非常に懐疑的にならざるを得ない。

在宅介護を受けている利用者さんについて、本音を理解しようとするならば、短期間では到底無理なことであり、最低でも半年、できれば一年間は利用者さんと接していく必要があろう。

本来、法律改正が許されるとしたら、国のお役人たち自らが都市部や地方担当などの組織を編成し、自転車を走らせながら決められた利用者さんのご自宅へ出向き、訪問介護サービスを経験してみることが最良と考えるのは私だけだろうか。

自ら実行し、体験することによって、利用者さんの本音やヘルパーの過酷な状況が理解できると同時に、介護に関係する人たちや国民からも大いに共感と納得を得るものと確信している。

残念ながら今の我が国における官僚組織の欠点は、事務専門職であるために、自ら体験できないという法の縛りにある。

〝物事は、すべて最初が肝心〟といわれるように、場当たり的なやり方では、将来に禍根を残すことは明白である。ましてや介護保険制度が導入される以前の、低所得者向けの介護サービス料が無料であった〝措置〟時代のときとは違い、今の制度は第一号被保険者である高齢者たちにとっては、保険料とサービス料の二重に支払うことになっている制度であり、また現役世代の第二号被保険者たちにおいては、その制度を支えるために保険料を何十年と払い続けている、非常に負担の多い制度だ。

国民の大事な貯えや汗水流して働いたお金を原資にしているのだから、もっと慎重に作るべきなのである。

すでに介護保険制度も発足から満二十年を迎えたところであるが、この制度は少なからず三十年間は順調に推移していくものと判断していた私にとって、それは大いなる予測違いであった。

私は制度開始の年より居宅介護支援、訪問介護事業をスタートしたが、国の度重なる制度変更に翻弄された。また特にこの数年間はヘルパー不足が深刻であり、事業の先行きには暗雲が垂れこめていると思わざるを得ない。近い将来「訪問介護事業は消滅する」のではないだろうかと、真剣に考え危惧し続けている。

以前からしばしばいわれていることだが、目前には大きな壁として二〇二五年問題が迫ってきている。団塊の世代といわれる多くの高齢者が七十五歳を迎えるその年まで、この介護保険制度ははたして維持できるのであろうか。

これは国やこの制度を構築した厚生労働省の問題であるとともに、事業者をはじめ、利用者さんやそのご家族、保険料を払っている働く世代も含めて、国民一人ひとり、みんなで考えていかなければならない問題である。

もっと素晴らしい保険制度となり、長生きしてよかった、長生きは幸せだと、国民が安心して年齢を重ねられるようになっていってほしいものだ。

そのためにも様々な問題をクリアにし、未来に向かってさらなる国民からの期待と発展につなげていければとひたすら願い、この欠陥だらけの介護保険制度を、様々な角度から私なりに検証してみたいと思う。

令和二（二〇二〇）年十二月　堂前　雄平

〈目次〉

第四章　訪問介護事業存続のための提言
～〝家族介護〟と〝ヘルパー役制度〟が難局を救う～　137

第一章

介護保険制度二十年の問題点を検証する

～真に利用者さんのための制度といえるのか～

夢と希望をもっての船出であったが……

私が東京都三鷹市で、〝やさしい心で親切介護〟のスローガンを掲げ、指定居宅介護支援事業所および訪問介護事業所『オレンジハート』を開設したのは、平成十二（二〇〇〇）年九月一日のことである。その五ヵ月ほど前に介護保険制度がスタートしたことを受けて、その制度の元で地域の人々に向けて社会貢献をしたいという熱い思いをもって、未経験ではあったものの介護事業の世界へのチャレンジを決意したのであった。

とはいえ、その直前まで私は三鷹市の市議会議員として二期を務め、地元の人たちからの様々な声を聞いてきた。また私自身、市議会の場では長い期間にわたって厚生委員会に所属し、福祉には特に力を入れてきた分野でもあっただけに、こうした形で地元の市民の方たちにご恩返しができればという思いも強かったのである。

そして、介護保険制度はなにぶんにも我が国での介護に関する初めての制度発足だけに、高齢者福祉に対する大きな夢と希望をもっての船出であった。

私は、高齢者が人生の最後にして最高の幸福と満足感を味わうことができる介護、いうなれば理想の介護をめざし、九月一日の事業所開設の日には、少人数の職員を前に、自分の介護に対する理想論を熱く語ったものだった。

その理想論とは――。

「現在、高齢者の施設入所にあっては何百人待ちといわれている。在宅介護においても、今後利用する高齢者が年々増えていくだろうが、ただちにオレンジハートのサービスを受けることができない状況であったとしても、我が社にヘルパーの空き時間ができて、サービスを受けることが可能になるまで待っていてくれる利用者さんであふれるような、そんな素晴らしいオレンジハートにしていきたい。まさに在宅介護における施設バージョンを築いていきたいと思っている」というものだった。

また同時に〝介護を受けることは、人生最大のエンディング〟であると考え、それにふさわしい事業運営を展開していきたいという強い意志をもっていた。

あの当時、私は介護事業に参入するにあたって、この事業は少なからず三十年間は順調に推移していくものと確信していたのだった。

だが、それからわずか十年余り経過した頃から、介護事業のなかでも特に私が取り組んできた訪問介護事業において、先行きに陰りが見えてきた。さらに制度発足から二十年が経過した今日、訪問介護事業を展開している事業所は、多かれ少なかれこれから将来に向けての事業継続に大きな岐路を迎えているのではないだろうか。

そして今後の状況によっては、近い将来「訪問介護事業は消滅する」危機に瀕(ひん)していると私には思われるのである。

そこには、制度そのものに様々な問題があるのはもちろんのこと、それを運営している事業者、サービスを受けている利用者さんやそのご家族にも責任がないとはいい切れない。個々に問題を抱え、それらがぶつかりあってギスギスし、制度自体が機能不全を起こしかけているのである。

介護サービスとは、いうまでもなく人が人を支えるサービスだけに、機械や物を扱うようなわけにはいかず、まさに心と心のふれあいを大切にしたサービス提供が求められる。そして、サービスを受ける高齢者の誰しもが等しく、人生のエンディングに相応しいシンプルで使いやすい制度設計のなかで、最高の幸福と満足感を享受できるものでなければならない。

一方、介護事業者にあっては、利益追求や収益性を重んじる商売ではけっしてなく、ボランティア精神をもって、利用者さん一人ひとりの余生に対して真剣に向き合い寄り添いながら、その利用者さんが悔いのない生涯を終えるようサポートしていくことが重要であり、複雑な制度はまったく必要がないと思われる。

要は、真に利用者さんのためになっている制度か否かという視点で現在の訪問介護事業を見たときに、理想とは逆に非常に複雑で使いづらい欠陥だらけの制度となってしまっているということだ。

現制度をあえて利用者さんの目線から検証してみると、様々な問題が浮き彫りになるのである。

訪問介護こそが〝介護の神髄〟

介護保険制度の枠組みでの〝介護〟サービスは、自宅で暮らしながら介護を利用する「居宅介護サービス」と、施設に入居して利用する「施設介護サービス」の二つに大別される。

また居宅介護サービスのなかでも、利用者さんが介護従事者に自宅に来てもらって介護を援助してもらう「訪問介護サービス」と、自宅から施設に通って介護などを受ける「通所介護サービス」に分類される。双方の介護は別称で、それぞれ「訪問型」「通所型」ともいわれている。

訪問型サービスには、訪問介護をはじめ訪問看護、訪問入浴、訪問リハビリなどが代表的なものとしてあげられる。通所型サービスではデイサービスのように利用者さんが通ってサービスを受けるものや、短期的に入所するショートステイなどがある。

一方、施設介護サービスとは、特別養護老人ホームや介護老人保健施設などの施設に入所して、介護を受けるものである。どちらも介護を受ける上で重要なものであるが、もう何十年も介護老人福祉施設（特養ホーム）の不足は改善されていない。

ちなみに介護保険を利用している要介護高齢者のうち、居宅介護サービスの利用者は約八割を占めており、施設介護サービスを利用しているのは二割以下となっている。国も、施設介護よりも居宅介護サービスをできるだけ維持してほしいと推奨しているのは、社会的な環境が整っていないことに加え、財政負担の面を考えているのだろう。

また、居宅介護サービスでは、訪問介護にするか、通所介護にするかは、原則的にケアマネジャーとの相談のなかで、利用者さんやそのご家族の希望でどちらかの、あるいは両方のサービスを受けることが可能だ。

以上のように様々なサービスの形態があるが、サービスを提供する側からの意見としては、訪問介護こそが本当に利用者さんにとってベストな介護サービスであると確信をもっていえる。

訪問型は利用者さんの意思がある程度認められ、その意思の尊重と納得の上でサービスが提供できる。通所介護にあっては、利用者さんの意思よりも施設で作るメニューに従い、施設主導によるサービスの提供になる。

利用者さんに関わる機会も訪問型のほうが圧倒的に多く、訪問回数を重ねることによってホームヘルパーとの関係性も深くなり、利用者さんからの身の上相談や日常的な出来事などをお互いに話し合うようになることも、それほど珍しいことではない。

まさにお互い人間味あふれた心と心での付き合いで、利用者さんに寄り添った形で接することができるのである。

一方の通所介護では、通常いわれているメニューに沿ってのコンベア方式によるサービスを提供するものであり、サービスを提供する側は時間に追われながら一日を消化することになるため、利用者さんとの関わりをもつような時間を取ることが難しく、心をつかみ取ることはなかなか難しい。

　利用者さんにしてみても、自宅で受けるサービスと施設で受けるサービスとでは、心理的に違いがあるようだ。自宅では遠慮することなく不平不満をいうことができるが、施設においてはご自身がお客さんのような気分になっているからだろうか、わがままな態度を見せることなく、優等生で仏様に近いような静かな人としてサービスを受けている利用者さんが大半のようである。

　ただ、認知症の方にあっては、在宅でも施設であっても、サービス提供者を悩ませることがある。

　いずれにしても、介護業界では在宅での訪問介護が〝介護の神髄〟といわれていて、本格的に介護に携わろうと考えるなら、大いにやりがいがある分野といわれてきた。

　だが現実としては、介護保険制度導入から二十年の間に、制度がコロコロと変わり、訪問介護に携わる人間たちは戸惑い、悩み、落胆し、希望に燃えて始めた仕事に失望して介護の世界から離れていった者が多い。

　訪問介護の現場では、現在もなお様々な課題があるだけに、けっして健全な成長を遂げてきているとはいえない状況であると考える。

利用者さん本位でない契約のあり方

現在の介護保険制度では、私ども訪問介護事業者と利用者さんを結ぶのは、ケアマネジャーによる紹介が一般的である。

制度が導入された頃は、まだ訪問介護事業者の数もそれほど多くなく、大通りに面した事業所の看板を見て、あるいは近所の人たちからの口コミで知ったり、知り合いに事業者を紹介されたりして、利用を希望する本人あるいはご家族が直接訪ねてくるのが通常であった。

しかし現在はこうしたサービスを受けるためには、本人あるいはご家族が「地域包括支援センター」を訪問し、そこでケアマネジャーや事業者を紹介してもらうシステムが基本となっている。

私ども事業者はケアマネジャーからの依頼を受けて、利用者さんのご自宅に赴き、契約をすることからいよいよサービスが始まるのだ。こうした紹介のルートをたどるため、ほとんどが初対面となる。

そして契約の際、「重要事項説明書」と「契約書」の二通の書類が提示され、内容をきちんと説明した上で、基本的には利用者さん本人がそれぞれに住所と名前を手書きし、捺印する必要がある。利用者さんと事業者がそれぞれ一セットずつ所持するため、最低でも四枚の書類が必要で、さらに訪問介護と居宅介護支援の両方のサービスを同一の事業者で受ける場合は、その場で八枚分の署名・捺印が必要となる。

ところが高齢者のなかには、身体の状況によって書くこと自体が困難であったり、きちんと書けない方もいることは事実である。私は契約の際、オレンジハートの社長として、この二十年間、毎回必ず契約には立ち会うことを心がけてきたのだが、そうした人が契約書に自分の名前を書くことに苦痛を感じているところを目の当たりにしたとき、私自身が非常に心苦しさを感じてしまい、はたしてこの過程が必要なのかと疑問に思ってしまうのだ。

私がそこで常に感じるのは、お役所仕事の堅苦しさ、柔軟性のない対応である。

社会には確かにルールというものが必要だ。介護保険ではサービスに利用料がかかり自己負担もあるため、ここで行われる契約は確かに重要なものであることはわかる。だが同時に、契約する利用者さんは高齢者であり、さらに何らかの疾患をもって介護を必要とする方たちなのだ。そこに複雑で負担の大きい契約の過程を求めることは本当に必要なのだろうか、ということである。

もちろんご家族などによる代筆も場合によっては認められるが、独居であればそれも難しい。利用者さんのなかには自分の面倒を見てもらうことに対し、疎遠になっているご家族や身内の方にあまり迷惑をかけたくない、かけられないと思い、介護保険のサービスを利用しようと考えている人も少なからずいる。そうした人であればなおさら、契約をするためにどなたかに頼むことをためらうようである。

菅(すが)新政権が発足した際、行政改革の一つとして脱ハンコが話題になったが、この介護業界においてはむしろハンコの強みを生かしてほしいと考えている。高齢な利用者で、署名は難しいけれど、ハンコを押すだけなら自分でもできる、という人も少なくないし、場合によっては利用者さん本人に了承を得て、事業者の私が押してあげることもある。ハンコによって意思表示ができるのであれば、署名がなくてもそれで良いのではないだろうか。

国はこうした契約の形をとることは利用者さんを守るために必要だという。確かに契約には相互の理解の上で納得したことを示す証拠が必要なのは事実だが、高齢者のしかも介護を必要とする利用者さんに、形ばかりの署名・捺印が絶対に必要なのか。ときには捺印だけでも十分だと私は考える。

国にとって制度を正しく運用するためにも契約におけるルールにこだわるのはわかるが、利用者さんの状態を考えて、簡易な契約で済ませることができないものかと思う。

制度は利用者さんの視点から作られていない、と考えるのは私だけであろうか。

介護保険を適用できないサービスが多すぎる

介護保険導入の背景には、日本人の平均寿命が飛躍的に延びて高齢者が増えたことに加え、社会全体の核家族化が進み、高齢単身・夫婦世帯が増加したことがある。かつては家族が支えていた高齢者の介護が構造的に厳しさを増し、家族の代わりに社会全体で支える「介護の社会化」の流れを作ることがその大きな目的とされた。

また、介護保険が導入される以前には、自宅で介護を受けられない高齢者の多くが病院に長期間入院し、そのための医療費がどんどん増加していったため、高齢者の医療費を抑えることも介護保険を導入したもう一つの大きな目的であったといわれている。

高齢者の医療費を抑えるためには、病院や施設を利用するのではなく、なるべく自宅で過ごしてもらうことが理想である。多少介護が必要であっても自宅で過ごすことができるように、介護保険の訪問介護サービスでは、高齢者の自宅での自立した暮らしの実現を支えるため、サービスを提供することとなった。

ところが介護保険が浸透していくと、当初はサービスの利用を躊躇していた高齢者も徐々に積極的にサービスを活用するようになってきた。介護保険を利用できる要介護認定者の推移を見ると、導入した平成十二（二〇〇〇）年は二百十八万人だったが、翌年には二百五十八万人に、さらに平成十四（二〇〇二）年には三百三万人、平成十五（二〇〇三）年には三百四十九万人と右肩上がりである。確かに高齢者の全体数も増えているわけなのだが、この数字は明らかに高齢者が介護保険を積極的に利用しようという明確な意思の表れといえよう。

このような急激な認定者の増加は国の想定外であったらしい。慌てた国が、その対策として打ちだしたのが、平成十六（二〇〇四）年以降の「介護給付適正化事業」であった。「介護給付〝適正化〟事業」といえば聞こえは良いが、その実態は介護給付の費用をいかにして抑えるか、というところに国の狙いがある。しかもそのターゲットとなったのが、なんと本来は国がもっとも推奨していたはずの訪問介護サービスであったことを皆さんはご存じであろうか。

さて、適正化事業の内容である。

訪問介護サービスは、その内容から身体介護サービスと生活援助サービスの二つに区分されている。身体介護サービスとは、主に食事や入浴、排泄（はいせつ）など、利用者さんに触れて行う介護のこと。生活援助とは、利用者さんが一人でできない料理、洗濯、掃除、買い物など家事を助けることである。

適正化事業ではとくに生活援助が標的にされ、それまではサービス提供時間が比較的ゆるやかであったが、極力一時間以内にという制限が設けられた。加えて生活援助において、ホームヘルパーに頼めるサービス内容の範囲が厳密に定められるようになった。

ホームヘルパーというと、利用者さんにとっては、かつての家政婦さんや老人福祉法時代の家庭奉仕員のようなイメージがあり、介護保険制度の導入当初はまだ細かな部分でのツメが甘かったこともあって、ある程度の家事を頼むことができた。つまりホームヘルパーには車の掃除や犬の散歩など、特別なこと以外何でも頼んで良いと考える人が多くいたのだ。ところがこの適正化事業で状況が変わると、当然のごとく不都合が出てくる。なんでも頼めなくなって困った利用者さんから、不平の声があがるようになったのである。

私が思うには、確かに生活援助のサービスも公的保険がベースであり、国民の税金の一部からも支出されているのだから、何もかも認めることができないのは理解できる。しかし現場で実際の利用者さんと向き合っていると、柔軟な対応が必要なことが多く、お互いに結局困ってしまうというような制度となった実感がある。

これは、実際にサービスを利用する側にならないとわからないと思うのだが、わかりやすくいえば生活援助にも身体介護にもこんなルールが定められている。

たとえば「本人や家族ができることは頼むことができない」また「やらなくても日常生活に支障がないと思われる作業は認められない」という原則である。

日用品や生活必需品の買い物は認められているが、タバコやお酒などの嗜好品は買うことができない。一緒に買い物に行くことはできるが、目的を伴わない単なる散歩の同行は認められていない。

タバコや酒はダメだけど、醤油やお米なら良い。その厳密さにはたして意味があるのだろうか。また、確かに散歩は生活に必要な行動ではないかもしれないが、だからといって散歩が無駄な行動であるとも思われない。高齢者が一人で外を歩くのは危ないからとご家族に外出を止められている高齢者もいる。それで一日中部屋にこもりっぱなしでいるよりは、ホームヘルパーと一緒に家の周りをぐるりと一周するくらい、良いではないか。むしろ軽い運動にもなって足腰も鍛えられ、気分転換にもなってリフレッシュでき、心と体の健康維持のためにも効果がありそうだが、そうした目に見えないモノに対しては、認めてくれないのが介護保険である。

ちなみに、自室の掃除は良いが、庭やベランダの掃除はダメ。美容院や理容室への同行も認められていない。

私たちが健康で人間らしく暮らしていく日常のなかには、これは必要でこれは必要ではない、と明確に区別することが難しいことも多くある。それを線引きすることは可能なのであろうか。

髪の毛を切りに理容室へ行かなくても、確かにそれが理由で死んでしまうことはないだろうし、訪問理美容を頼むのも一つの方法かもしれない。しかし月に一度、いや二ヵ月に一度でもヘルパーの同行のもと散歩を兼ねて理容室で髪をカットしヒゲを剃ってもらい、さっぱりと清潔な身なりを整えることで、いつもきれいな身なりでいることは衛生上とても大切なことだと思う。私はこれも健康で人間らしい自立した生活を営む上で、けっしておろそかにするべきものではないと思うのだが、いかがだろう。

そのほかにも、掃除をするときに、部屋の内側の窓を拭くのは良いが、窓を外から拭いてはいけないなどといったルールもある。利用者さんの家の玄関や廊下の電球はもちろんのこと、自室の電球でさえも切れたからといって交換はしてはいけない。それではもし、利用者さんが自分で電球を交換しようと思って椅子(いす)から落ち、骨折でもしたらより介護度は重くなってしまうではないか。そうなってしまえば本末転倒である。それならパパッとやってあげれば良いものを……。どういった判断でこうしたルールが決められているのか、私は二十年間ずっと疑問に思ってきた。

訪問介護の仕事では、予想外の緊急の出来事が生じるときもある。

たとえば訪問介護サービス中に、利用者さんに突然体調に変化が生じて、倒れてしまうというような事態が起こらないともいえない。そのときホームヘルパーはどうするか。もちろんすぐに救急車を呼ぶわけだが、救急車が到着しても、ホームヘルパーは同乗することが禁止されている。利用者さんが救急車に乗せられたことを見届けたら、あとは救急隊員任せ、病院任せにしなければならない。

こうしたときにどうしたら良いか——。もちろん家族がすぐに駆けつけてくれるのが理想であるが、いつもできるとは限らない。私どもの事業所では、こうした連絡がホームヘルパーから入ると、社長である私が自ら現場に駆けつけて代わりに救急車に同乗し、病院でご家族が来るのを待って交代するようにしている。

　このような出来事が起こったとき、誰よりもホームヘルパー自身がいちばん辛い。慣れ親しんだ利用者さんが目の前で苦しんでいるときにも手を差し伸べることができない。サービスの不自由さとともに、ルールに雁字（がんじ）がらめになっているホームヘルパーという仕事の一つの象徴的な例であろう。

サービス料金には〝加算〟という魔物が潜む

　介護報酬は、介護保険のサービスの対価として事業者に支払われるお金である。国により基準が定められているが、実は一律ではないことをご存じだろうか。それが〝加算〟という魔物である。

　訪問介護事業における介護報酬の加算については何種類かある。初めて訪問介護サービスを利用するときの「初回加算」をはじめ、都市部と地方、あるいは東京二十三区と多摩地域などでの人件費を含む様々な状況を考慮しての「地域加算」、また夜間や早朝、深夜といった時間外にホームヘルパーが訪問したときの「時間外加算」や緊急時に訪問したときの「緊急時加算」などがあり、さらにはホームヘルパーの人手不足を解消する名目で「介護職員処遇改善加算」というものもある。

このように多岐にわたって〝加算〟があるわけだが、私が今回問題だと思っているのは、「介護職員処遇改善加算」なるものである。

介護職員処遇改善加算は、人手不足が深刻な介護職に就く人たちの処遇を改善するため、賃金アップを目的として平成二十四（二〇一二）年度に創設された。当初は一律に四パーセントの加算であったが、平成二十七（二〇一五）年度に大幅な改定があり、これによって事業所ごとに区分が分かれ、加算率にも差がつけられるようになった。

ここで一つ、大きな問題がある。この加算分が以前は国から支給されていたが、介護報酬に含まれることになったのだ。つまり、この加算分は利用者側の負担にはね返っている、ということである。

介護職員処遇改善加算の比率をたどると、平成二十四（二〇一二）年度から二十六（二〇一四）年度までが一律四パーセントであったものが、平成二十七（二〇一五）年度及び平成二十八（二〇一六）年度は〈新加算Ⅰ〉が八・六パーセント、〈新加算Ⅱ〉が四・八パーセント、〈現行〉四パーセント。平成二十九（二〇一七）年度から令和二（二〇二〇）年度までが〈加算Ⅰ〉十三・七パーセント、〈加算Ⅱ〉十パーセント、〈加算Ⅲ〉五・五パーセントとなっている。

この加算ⅠⅡⅢの分類は、加算を受けようとする事業所が各自治体に届け出をして、満たした要件に応じた区分が与えられる。

当然のことではあるが加算ⅠⅡⅢの分類のなかでも加算率が高い上位のものほど、事業所としての要件が厳しくなっている。これは事業所にキャリアアップの仕組みの構築や労働環境を整備することを促して、その評価を加算分として報酬に反映させているためだ。

しかし、これを利用者さんの立場から見てみるとどうなるのか。自宅で同じサービスを受けるのであっても、選んだ事業所によって支払うサービス料が異なってしまう。だがこうした制度的な仕組みに関して細かなことまでケアマネジャーが説明していないことが多いことから、何も知らずに率の高い加算で行っている事業所のサービスを受けているという例が少なくない。

利用者さんは少しでも費用を抑えたい。加算の少ない事業所で十分だと思っても、ほぼ選択肢がないのが実情だ。現場へ行けばホームヘルパーのやるべき仕事はどの事業所もみな同じである。事業所の内部事情によってⅠⅡⅢなどと区分することは、はたしていかがなものであろうか。介護従事者の処遇を改善するのであれば、一律に待遇向上に務めるのが、本来あるべき国のやり方であり、その負担はすべて国がもつべきである。

ちなみに私の事業所では、この制度が導入された以降の改正時にあっても、利用者側の負担が大幅に増えることのないように加算をⅠからⅡへ、ⅡからⅢへと常に最低限の率を堅持しながら今日に至っているわけだが、過去において、この〝処遇改善加算〟をいっさい付けていない事業者があることを知り、誠に頭の下がる思いであった。

地域包括支援センターのあり方は正しいか

「地域包括支援センター」とは、平成十八（二〇〇六）年度の介護保険制度の改正で導入が決められ、全国に設置された施設である。

地域包括支援センターの業務は、介護保険法によって「市町村が設置主体となり、保健師・社会福祉士・主任介護支援専門員（主任ケアマネジャー）などを配置して、三職種のチームアプローチにより、住民の健康の保持および生活の安定のために必要な援助を行うことにより、その保健医療の向上および福祉の増進を包括的に支援することを目的とする施設である」と定められている。設立から十年以上が経過して、高齢者の公的な相談窓口としての認知度も次第に高まってきた。

高齢者やそのご家族が日常生活への不安を感じたとき、どこへ相談をしたら良いか迷うこともあるだろう。そんなときに公的な相談窓口があることは確かに安心できる。また、介護、医療、福祉の専門家からの適切なアドバイスが受けられ、介護や支援を必要とするときに、適した施設を紹介してくれるサービスは、利用者側からすればとても利便性の高いものであることはうなずける。

しかし介護保険制度がスタートした当時から事業を展開してきた私どものような居宅介護支援・訪問介護事業所の立場からすると、地域包括支援センターの設立には様々な問題がはらんでいることを実感する。

まず、地域包括支援センターは、市町村が設置主体になることが明記されている。となれば利用者さんにとっては役所や保健所のように、公的な施設であると認識するのは当然であろう。しかし実際に多くの自治体が運営を民間委託しており、社会福祉法人に委託している自治体も多いのだ。

ここで私が問題としたいのが、地域包括支援センターの公正性である。

現在、私たち訪問介護事業所は地域包括支援センターからの紹介がなければ利用者さんの受け入れができない。たとえば私の事業所であるオレンジハートの近くに住む人が、家族の介護に必要を感じて相談に直接訪れたとしよう。センターが設立される以前であれば、私どもオレンジハートのスタッフが細かな相談に乗ってあげて、お互いの了解の上で当方でサービスが提供できるようにプランを作ることもできた。

だが現在では、たとえ知り合いであっても「まず、地域包括支援センターに行って、相談してください」ということしかできないのである。そしてセンターに相談に行くと、まったく別の事業所を紹介されることも当然ある。

センターは相談に来た高齢者やそのご家族に、どの事業者を紹介するかの差配をする権限をもっており、まさしくセンター次第、職員次第ということである。このため本来はこうした組織は中立公正が求められるはずであるが、実際にそこで働いているスタッフは公務員ではなく民間人である。なかには自分の事業所の利用を増やしてもらうために、こうした職員に接待や贈り物を提供し、積極的に良い関係を作って、利用者さんを紹介してもらう事業者もあると聞く。

少し前になるが、平成二十六（二〇一四）年十二月二十二日付の東京新聞一面に、『介護「囲い込み」横行』という見出しで、次のような記事が掲載された。

――高齢者介護の公的な相談窓口として全国に設置されている「地域包括支援センター」の一部で、運営法人が自らの介護保険サービスに利用者さんを誘導する「囲い込み」が横行している。（中略）利益獲得のためのセンターの立場を利用した囲い込みで、高齢者が希望の事業所を利用できない恐れがある。

さらに私を驚かせたのは、次の一文であった。

――一部センターでは囲い込みだけでなく、職員が外部の介護事業者から飲食の接待や金品の贈り物を受け、見返りに優先的に高齢者を紹介していることが複数の関係者の証言でわかった。

記事では、都道府県庁所在市と政令指定都市の過半数が、指導監査の強化や指針の改正などの是正策を講じる方針であると書いてあるが、こうした問題が今日までに解決された

運営法人へ自治体過半数が是正策

介護「囲い込み」横行

高齢者介護の公的な相談窓口として全国に設置されている「地域包括支援センター」の一部で、運営法人が自らの介護保険サービスに利用者を誘導する「囲い込み」が横行している。都道府県庁所在市と政令指定都市の過半数が、指導監査の強化や指針の改正など、是正策を講じる方針であることが、共同通信の調査で分かった。

全国に約四千五百カ所あるセンターのうち約七割は社会福祉法人などに委託。利益獲得のためセンターの立場を利用した囲い込みで、高齢者が希望の事業所を利用できない恐れがある。

地域の介護サービスを支える有力法人が運営していることが多く、自治体は遠慮がちだったが、ようやく対応に乗り出した形だ。

調査は十一月、都道府県庁所在市（東京は都庁のある新宿区）と政令市の五十二市区を対象に実施し、全てから回答を得た。

横浜、さいたま、新宿など二十七市区が「今後、指導監査や評価で対応を強化する」「要綱や運営方針、ガイドラインを改正・制定する」などと回答。

ここ数カ月間でセンターに公正・中立な運営を周知徹底したり、アンケートなどをしたりした市も十二あった。

地域包括支援センターは、多くの自治体が運営を民間委託している中でモラル低下も見られる。一部のセンターでは囲い込みだけでなく、職員が外部の介護事業者から飲食の接待や金品の贈り物を受け、見返りに優先的に高齢者を紹介していることが複数の関係者の証言で分かった。

地域包括支援センター　2006年度の介護保険制度改正で導入。13年現在、全国に4484カ所。主な業務は要介護度が軽い「要支援」の人の介護予防プラン作成や、「要介護」の人へのケアマネジャー紹介などで、保険料と公費で運営。異なる名称を使っている自治体もある。特別養護老人ホームなど、運営を委託された社会福祉法人や医療法人の施設に併設されていることも多い。

高齢者紹介で接待攻勢

「会議や情報交換で親しくなった職員に『今度飲みに行きましょう。包括の他の方もご一緒に』と誘うんです。数人の職員が連れだって行き、おごってもらっていた」

今年三月まで東京都内のセンター二カ所に勤務した経験がある三十代の元女性職員は、同僚が外部のケアマネジャーや福祉用具事業者から飲食の接待を受けるのを目の当たりにした。

接待された同僚は、介護予防プラン作成や相談者へのケアマネ紹介の際、それらの事業者を優先して使っていたという。介護事業者が中元や歳暮の品を届けに来たことも。女性は「これらの事業者が介護報酬を多めに取れるよう、センターが介護予防プランをつくる際、利用回数を必要以上に多めに設定する傾向があった」と振り返る。

地域包括支援センターの不適切な運営のイメージ

高齢者
相談
自治体
委託
A法人
地域包括支援センター
自法人のサービスへ誘導
囲い込み
紹介
接待や贈り物
見返りに高齢者を紹介
B法人
C株式会社
A法人
訪問介護ステーション
デイサービスセンターなど
介護サービスを提供
介護サービスを提供
介護報酬

民間委託 罰則規定なし

センターは、相談に来た高齢者をどの事業者に紹介するか差配する権限を持つが、運営が社会福祉法人などに委託されている場合、職員は民間人だ。明確な罰則規定はない。公務員でなくても収賄罪などが適用される「みなし公務員」にも該当せず、個々の職員や事業者のモラル頼みというのが実情だ。

「実は（現金を）もらっちゃった」。三年前まで横浜市内のセンターに勤めていた四十代の男性ケアマネジャーは紹介の見返りに現金を支払う事業者がいるといううわさ話をしていた際、同僚がポロッと打ち明けたのを聞いた。「口ぶりからは数十万円という感じだった」

都道府県庁所在市と政令市を対象にした共同通信の調査では、接待や贈り物に関する情報を把握している自治体は一つもなかった。

東京新聞2014年12月22日付

か否かについては、それを実感するだけのものを持ち合わせていないだけに、なんともいいようがないが、地域包括支援センターにはひたすら是正してほしいと願うばかりである。

確かに、地域包括支援センターの一元的な采配の集中は、少なからず地域の介護事業者たちの活動をいびつにしているように思えてならないのである。なぜならば、たとえ運営が民間人の組織であったとしても、公共性が強いことから自治体で行っているやり方で事業所を紹介するのが当然であり、道理である。つまりそれは、相談に来る方や利用者となる方が居住している近隣の事業所を最低でも三箇所はピックアップし、そのなかから本人たちが選択し決めてもらうやり方である。

この方法こそが地域包括支援センターの、公正中立を意味するもので、センターは独善的であってはならない。ましてや東京新聞の記事に見られるような行為は厳に慎むべきと思われる。

ただし、相談者や利用者側にすでに意中の事業所があるとしたらその限りではないし、相談者らの希望どおりにその事業所を紹介してあげれば良いことである。

今回、この問題を取り上げたのは、率直にいって東京新聞の記事にあ然とし、嫌悪感とともに介護という同じ業界人として非常に残念な出来事であるとしかいいようがないからである。

情報公表制度は本当に必要なことか

「介護サービス情報公表制度」は、平成十八（二〇〇六）年四月からスタートし、介護サービスを利用しようとしている人が、介護サービスや事業所・施設を比較、検討して適切に選ぶための情報を都道府県が提供する仕組みである。

情報公開は、介護保険法のなかで都道府県の仕事と位置付けられているが、都道府県が「指定情報公表センター」として他団体を指定すれば、その団体に事務の一部を行わせることができる。オレンジハートの管轄である東京都の場合も現在は「(公益財団法人）東京都福祉保健財団」がその指定を受けている。

この制度によって、介護サービス事業者には「介護サービス情報の報告義務」が課せられる。つまり自分の事業所のサービス提供の取り組み方について知らせる必要がある。都道府県は事業者から報告を受けた内容について、公表するものである。

こうした制度が実施されてから、数年間は一年に一度の割合で東京都から指定された調査機関から派遣された調査員が私の事業所にも来るようになり、ある年度からは数年に一度の割合で来ることになった。私はこうした調査が必要なのかとその都度思っている。

まず、これらの情報はすべてインターネットによる公開であるので、本来、利用する立場である高齢者の人たちがどれほどこの情報にアクセスできるかが疑問である。また実際に各事業所についての情報も、概要やデータなど専門的な内容で、一般の人たちが見て事業所の中身がどれほど窺(うかが)い知れるかと考えると、さらに疑問である。

また、閲覧すれば全国の情報を得られるわけだが、利用者にとって自分の地域以外の情報は不必要である。介護とは地域性が強いものであるからだ。制度上では東京都三鷹市に事業所を置くオレンジハートを、地方にお住まいの方が利用することには問題はないが、現実的には東京のホームヘルパーが遠くの地域に住んでいる利用者さんに介護サービスをすることなど不可能であろう。事業者側も、遠いところをサービス提供地域として選ぶことはあり得ないのである。

それは別として、調査機関の調査員といえば聞こえが良く、何か特別な調査を通して事業所の相談相手にでもなってくれるものかと思いきや、調査員による調査の作業は単に項目に従って「有る」「無し」ということを双方で確認し合うだけの、全く形式的なものとしかいいようがないものである。しかもその項目に適合したものが、有っても無くても事業所には何ら影響がないのである。私にはこの調査が何のために行われているのか、全く理解することができない。

ある年度で、私どもの事業所に調査員が訪れたとき、こんな出来事があった。

私と調査員の間で、ある一つの項目について「有る」「無し」の判断で大もめにもめて、お互いに譲れない状況にまでなり収まりがつかなくなった。私はその場で東京都の担当者に事の顛末を説明し、指示を仰いだ。

すると担当者は、「調査員には一つ一つの項目について、その内容にまで入り込む権限は全くないので、内容はどうあれ、その項目にあったものがあれば『有る』になります」といい切った。

私はこの事態において、調査員という立派な肩書きをもちながら、内容には一切口出しができないというのも、気の毒な気持ちにもなった。だがそれ以上に、このような全く無意味と思われることを制度化したお役人に対し、憤りを感じずにはいられなかった。

事業者情報については、東京都や三鷹市など各市町村のホームページを利用することで、地方からも各自治体における事業所の状況が把握できるわけで、何が不足と思っているのか甚だ疑問に感じている。

ケアマネジャーの計画どおりにするのは無理である

私たちの日々の生活は、計画どおりに行かないことなど日常茶飯事である。たとえば朝起きて、「今日は七時と十時と、午後の一時と五時と八時、寝る前に最後にもう一回、トイレに行って終わりにしよう」などと考える人がいるだろうか。ところがケアマネジャーは、これに近い考え方で介護保険のケアプランを作成している。利用者さんの一日の行動を考慮しながらではあるが、トイレ介助や入浴介助などについて、おおよその時間を設定し、その時間に合わせてホームヘルパーがサービスを行うようなスケジュールが当然のごとく組まれているのである。

訪問介護サービスによる身体介護は、二十分未満、二十分以上三十分未満、三十分以上一時間未満、一時間以上の四つに区分されている。そしてサービスの内容によって、その時間区分も決まってくる。たとえばベッド上で部分清拭を含めおむつ交換のみのサービスであれば二十分未満で一日数回の組み合わせで提供する巡回型サービスであり、トイレまで同行して用を済ませてもらう行為は通常のトイレ介助となり、二十分以上三十分未満の時間設定となっている。

そうして作られたケアマネジャーの計画どおりの時間にホームヘルパーがご自宅を訪れるのだが、特にトイレ介助では、「はい、排泄介助です。トイレに行きましょう」といっても、そんなにうまくいかないことはおわかりだろう。排泄は自然現象のものだから、利用者さんにだって「今は行きたくない」気分のときは当然ある。だがホームヘルパーはそれが仕事で来ているのだから、「とりあえず行きましょうか」などといって無理やり連れていって、役割を果たそうとしている場合もある。

入浴しかり、食事の介助しかりで、利用者さんのそのときの身体の状況や気分によって大いに左右されるのだ。日常を介護側の都合でスケジュール化し、細切れの時間で介助を提供する現在の介護サービスは、利用者さんにとってもまたサービスを提供するホームヘルパーにとっても、とても納得のいくものではない。

しかし現状としては、どんなに無理や不都合があっても、ケアマネジャーの計画に従うほかないのである。現在の介護保険制度では、すべてがケアマネジャーの計画どおりでなければ、介護保険の適用は認められないからである。

介護保険制度がスタートする以前、介助が必要な高齢者の生活を支えるものとして、〝措置制度〟というものがあった。この制度は厳しい所得制限があり、また介護をする家族がいないなどの条件がそろわなければ受けられないものであった。しかし、もしその支援を受けることができれば、身体介護、生活援助のくくりなくある程度の時間をもって、そのとき希望することに対してホームヘルパーのサポートを受けることができた。もちろんその制度なら、ホームヘルパーは無理やり利用者さんをトイレに連れていく必要もないし、利用者さんは行きたいときにトイレに行ける。

介護保険が適正に運用されているかをチェックする立場にあるケアマネジャーが作る計画は確かに必要であるが、あまりにも細々としたルールに縛られると身動きができなくなる。利用者さんが本当に求めていることは何かをしっかり見定める一方、もっと現場の実情に沿って柔軟な対応ができる制度であることが望まれる。

認定結果が判明するまでの時間がかかりすぎる

介護保険のサービスを受けるためには、まず介護認定を受ける必要がある。それには市区町村に申請書を提出し、調査・審査を経て介護度が決定し、サービスが受けられる状態となる。しかし、こうした手続きが利用者さんやそのご家族にとっては煩雑で、また時間がかかりすぎるという声も多い。

介護申請を行うと、一般的に約一週間から十日程度で市区町村の調査員が自宅に訪問し、認定調査が行われる。その訪問調査で作られた認定調査票をコンピュータで処理して一次審査を行い、その後に介護認定審査会による二次判定があり、その判定内容が通知される。その間、早くても一ヵ月を要する。

そして介護状態の区分が決まると、ケアマネジャーと契約をし、ケアプランを作成してもらい、必要なサービス事業者を決める。さらにその事業者との契約後に、関係者全員による会議を開いたうえでようやくサービス開始となるが、その間半月前後かかってしまい、申請から開始まで早くて一ヵ月半、遅いと二ヵ月以上かかることもある。

一刻も早く助けを借りたいと思っても、このように一つ一つの段階を踏むには時間がかかる。また実際に調査員との面談に立ち会ったり、ケアマネジャー探しに奔走したりするというのは、利用者さん本人だけでは難しいため、ご家族を巻き込んでの慌ただしい日々を続けることになる。そのため介護サービスを受ける前に疲弊してしまうことも多い。

「明日にでも、サービスを受けたい！」という切羽詰まった状態からの約二ヵ月は、とてつもなく長いといえる。多くの人たちにとっては、配偶者や親が介護認定を受けるのは初めてで、いざやってみるとこんなに時間がかかるとは……、と声をそろえていう。

それだけに、アクションを起こしたなら、せめて一ヵ月ほどで介護サービスが受けられる態勢を、なんとか整えることはできないかと常に思うのである。

また、この介護制度では緊急時の対応ができないことも疑問である。たとえば、独居の高齢者が外出して転んでしまい腕を骨折し、自宅療養しなければならないときなどに、介護認定を受けていないと介護保険のサービスを使うことはできない。つまり突然のけがで家事ができなくなってしまった高齢者が、世話をしてほしいと思っても介護認定の結果が出てサービスが開始されるまでに時間がかかるために、けがの状態によっては一ヵ月後にはもうすでに良くなって、介助が必要ではなくなっていることもあるのだ。

高齢者のための介助サービスであるのに、今、すぐに助けてほしいという状況の高齢者に手助けできない制度が、はたして本来の福祉サービスといえるのであろうか。

ホームヘルパー資格の廃止に物申す！

介護保険制度が創設されると同時に、厚生労働省ではホームヘルパー、介護福祉士などの資格をもつ介護専門職の育成に力を入れた。以前は、一般的には家庭内に入って家事などの仕事を担う人たちのことを家政婦さん、あるいはお手伝いさんなどと呼んでいたが、介護保険の導入とともに、その名の代わりにホームヘルパーという名称が、一気に世間に広まり、定着していったように感じる。

もともと国内でのホームヘルパーという名称の歴史をたどると、戦後の社会福祉制度が整いつつあった一九六〇年代に、日常生活に支障をきたしている高齢者を支援するための人材として誕生した「家庭奉仕員」がその始まりとされている。その後、平成元（一九八九）年に策定された「高齢者保健福祉推進十か年戦略（通称：ゴールドプラン）」で、家庭奉仕員という名称に代わり、ホームヘルパーという名称が用いられるようになったといわれている。

平成十二（二〇〇〇）年の介護保険制度が導入されたときに、新たに作られた介護資格がホームヘルパー1級、2級、3級であり、訪問介護員はホームヘルパーと呼ばれるようになった。だが、現在はこの慣れ親しまれたホームヘルパーという名称は、すでに資格としては廃止されたものだということをご存じだろうか。ここにも訪問介護サービスを担うはずの様々な制度が、わずか二十年の間にどれほど右往左往し変化していったか、その迷走ぶりが窺われる事実がある。

まず、制度開始から十年にも満たぬ平成二十（二〇〇八）年度に、ホームヘルパー3級が廃止されている。

これはホームヘルパー3級の講義内容が家族介護を中心とするもので、介護の専門家としての十分なスキルを得られないとの判断のようであった。だが、介護というのは経験によって学んでいく部分も多い。家族介護を入り口として介護の世界に入り、その後、そのスキルを生かして社会に還元していく道も拓かれていく。経験を重ねれば身体介護であっても十分に現場でも通用するというのが、私の実感だ。

さらに厚生労働省の暴走は止まらない。平成二十四（二〇一二）年度末には、ついにホームヘルパー1級、2級という名称も廃止されてしまう……。この事実を知っている人は、世間では意外と少ないようである。えっ、そうなの？　と思われる方は、きっと多くの求人広告で、いまだにホームヘルパー1級、2級の募集を多く目にするからではないだろうか。

ホームヘルパー1級、2級の資格を取った人たちは、名称変更に伴ってどうなったかというと、ホームヘルパー2級は「介護職員初任者研修」と同等資格、ホームヘルパー1級は「介護福祉士実務者研修」と同等資格と国に定められた。厚生労働省いわく、これは訪問介護と施設介護の介護資格を統一するための改編で、その上位資格としては「介護福祉士」があり、すなわち介護職では「介護職員初任者研修→介護福祉士実務者研修→介護福祉士」というキャリアパスが実現したこととなる、そうだ。

だがその内容は複雑で、ホームヘルパー1級、2級の資格保持者は介護職員初任者研修・介護福祉士実務者研修とは〝同等であっても資格は違う〟という言い分が国にはある。研修内容が異なるというのがその理由である。そのため就職活動などをするときには、履歴書にホームヘルパー1級の資格所持者はあくまでもホームヘルパー1級と書くことになり、介護福祉士実務者研修と書いてはならぬというお達しが出た。ところが介護福祉士の資格を取るためには時間とお金を割いて研修を受けなければならない。そのためホームヘルパー1級、2級の資格をもっている人たちのなかには、あえて新たな資格取得をめざそうとしない人たちも多い。

こうした複雑さが、介護職の仕事をわかりづらくしてしまっている。訪問介護の仕事をわかりやすく、また間口を広げてこの業界に関わる人の裾野を広げるためにも、これまで親しまれてきたホームヘルパーという名称を維持するべきではなかろうか。

加えてここで、事業者としての立場からホームヘルパー資格の廃止についての私の考えを述べさせていただきたい。

ホームヘルパー3級のサービス提供に関して、ある時期から段階的に報酬の減算が行われ、平成二十（二〇〇八）年度末に廃止。さらにここ数年来、ホームヘルパー2級のサービス提供責任者に対する減算も始まった。

これらのことは、将来、身体介護のみをサービスの対象としていこうとする国の布石の一つだと見られ、その先には身体介護は介護福祉士に任せてしまおうという意図が見え隠れする。だが私が度々述べているように、身体介護についての技術は経験の積み重ねによって上達するもので、必ず後から付いてくるものである。

私はこの技術的なことで減算を問題視しているのではけっしてなく、むしろ減算そのものについては大変良いことだと評価している。なにぶんにも減算することによって利用料は安くなり、利用者さんの負担を若干でも減らすことができる。仮に私が利用者の立場になったとき、けっして技術優先でなく人柄優先で、いつも笑顔で優しい不快な思いをさせないホームヘルパーを求めるだろうし、利用料も少し安いとなれば最高の介護と思うであろう。逆に立派な資格を取得していても性格が悪い人で利用料も通常の金額を取られるとしたら、最悪の介護になりやしないか……。

そこで私から一つの提案をしたい。

現在の各訪問介護事業所におけるホームヘルパーの体制は、介護福祉士を筆頭にホームヘルパー1級、ホームヘルパー2級、介護職員初任者研修、介護福祉士実務者研修を修了した人たちの混合で構成されている。これを各事業所が一つの資格に絞って選択し、資格を統一するのである。つまり介護福祉士のみの専門事業所であったり、ホームヘルパー1級の専門事業所、ホームヘルパー2級の事業所というようにして営業を展開していくようにする。

そのために資格は、以前のようにホームヘルパー3級、2級、1級、介護福祉士の四通りにして、それぞれに減算があるシステムとする。減算率は介護福祉士専門事業所は〇パーセントとし、一級は三％、二級は五パーセント、三級は十パーセントの減算率と決め、いずれの専門事業所になるのかはそれぞれの事業所の選択であり、判断とする。

また、サービス提供責任者については、取得資格で決めるのではなく、それぞれの事業所でスタッフ全員の合議制によって決める方法はいかがであろうか。

一方、利用者側にあっては、利用料の高い事業所にするのか、安い事業所にするのかをケアマネジャーを通じて選択できるようにする。そうすれば当然、利用者さんは安い事業所に殺到することになるであろう。

多くの利用者さんは、どこの事業所も技術面ではそれほど大差はないと思っていて、あとはそのホームヘルパーの人柄や利用料が重要だと考えており、もし少しでも安い事業所があればそれを選択基準として選びたいと思うであろう。

私がこのような提案をするもう一つの理由は、事業所内での介護福祉士とヘルパーとの間における上下関係からの確執が見え隠れしていて、ギクシャクした状況でもあるように思われる。であるならば、その状況を回避する意味でも資格別専門事業所の導入を検討してみてはどうかということである。

　このように二十年間に行われた様々な変革が、ホームヘルパーという仕事に影を落とし、訪問介護サービスの不安の材料となっている。次章ではその実態を明らかにしたい。

第二章

ホームヘルパーはなぜ離職してしまうのか

~雇用形態や収入の不安定さだけが理由ではない~

ホームヘルパーの人気下落が止まらない

訪問介護サービスのホームヘルパーにあっては、制度がスタートした当初は、大いに注目された職業の一つで、ホームヘルパーの資格取得は一つのブームにもなっていた。特に子育て中の主婦や、これまでずっと専業主婦であった世代でようやく子どもたちの手が離れた主婦などに、新たな職業としてとても人気が高く、私の事業所でも募集をするとまたたく間に何名もの希望者から問い合わせがあった。

また、この制度の導入とともに、介護職の資格が注目されるようになり、多数の介護専門学校が誕生し、福祉系の学部・学科を創設する大学や短期大学も後を絶たなかったほどであった。

そんな大人気をもって始まったホームヘルパーであったが、その実態が知られるようになると、徐々にその人気に影を落としていく。制度開始から数年後には、登録制や直行直帰という雇用形態のほか、収入の面が非常に不安定だといわれ、それが理由で退職していく人が多いと話題になったこともあった。

さらにこの二十年で状況は大きく変化し、介護職の人気はますます低迷している。今ではハローワークに求人の手続きをしても、三ヵ月、半年、一年、いや三年の歳月を経過しても誰一人連絡が来ないようになってしまった。

それほどホームヘルパーの人気が急下落した理由は何であろうか——。

残念ながらその理由は一つではない。様々な側面に、問題が山積しているというのが現実であろう。特に制度も十年以上経過してきた頃から、それまでの収入の少なさなどの条件面からではなく、「いくらお金を出してもらっても、二度とやりたくない」という心境になってホームヘルパーを離職してしまう人も増えた。

その後、一段と退職者が多くなることで、世間ではヘルパー不足が大きな社会問題となってきている。

そこには、国の「お金で解決しよう」という単純な発想ではまったく通用しない状況にまで追い込まれてきた現状がある。もはや訪問介護事業は、介護業界の嫌われ者となってしまったのではないかとさえ思ってしまう。

〝常に感謝の気持ちを失わない人には、次々と明るい人生が拓けてくる〟という思いをホームヘルパーと利用者さんとの間で共通の認識とすることができれば、事態はもう少し違っていたかもしれない。

二十年間にわたり訪問介護業界の動向をつぶさに見てきた私としては、このホームヘルパーの離職の原因が一体どこにあるのかを確認する必要がある。様々な角度から検証してみた。

ホームヘルパーの過酷な実態について

「物事、やってみなければわからない」。訪問介護サービスのホームヘルパー業は実際に体験してみると、まさに想像以上に過酷な職業以外の何ものでもないことがわかる。

大雨が降っても、風が吹き荒れていても、大雪が降り積もっていても、利用者さんは常に首を長くしてホームヘルパーの来訪を待っている。その状況を思ったとき、厳しい気候環境に負けてもいられず、ホームヘルパーはカッパを着込んで自転車を懸命に漕ぎながら移動し、それができないときには徒歩で、それぞれの利用者さんのご自宅へ駆けつける。

雨が降っているから、大雪だから今日は仕事はやめておこうなどということは決して許されず、決められた訪問時間を厳守して、毎日のサービスをこなしているのだ。そうした状況のホームヘルパーたちを、二十年間事業所の代表として見守り続けた私は、その姿に感銘を受けてきたとともに、心底から頭の下がる思いでいっぱいである。

なにぶんにもこの事業はサービスを提供することによってのみ、会社としての収入になるという前提があるだけに、無資格で単に会社の代表というだけの私にとっては、ヘルパーさんたちの働きによって私自身の日々の生活が成り立っていることを思ったとき、まさにホームヘルパー様様の心境でもある。

もちろんそこには雨、風、雪に限らず、夏の暑い日も冬の寒い日も同様に駆けつけ、サービス提供に励んでいるホームヘルパーの実態がある。

通所介護サービスや、施設介護サービスのヘルパーにあっても日々大変なことだと思う。だが移動がなくて、一日中施設内でサービスを提供できるので、天候に振り回されない分、訪問介護サービスのホームヘルパーとは大きな違いを感じるのである。

理想のホームヘルパーとは――

長年、訪問介護サービスの事業所の代表として、多くのホームヘルパーと関わってきた。訪問介護は人と人とのつながりがあってこそ。だから利用者さんにも様々な人がいるように、ホームヘルパーにもいろいろな人がいて、相性が良かったり、悪かったり、我慢したり、しなかったりする。本当にいろいろな出来事を繰り返しながら、それでも多くのホームヘルパーが、自分の仕事に誇りをもって、頑張って仕事をしてくれている。なかには「私は向いていない！」と三日で去っていった人もいたが、それもまた人生の選択だ。

そんなたくさんの人たちとの関わりのなかで、私なりに徐々に〈ホームヘルパーの良し悪し〉というものが理解できるようになってきた一方で、〈理想のホームヘルパーに求められる十の力（りき）〉ということもまとめてみた。ここにその〈良し悪し〉と〈十の力（りき）〉＝（十のRともいう）について述べることにしよう。

〈ホームヘルパーの良し悪し〉

前述したように、国はホームヘルパー1級、2級の資格廃止に伴い将来は身体介護のみのサービスに移行しようとしている。従って、そこには技術や専門性を重視した国の考え方があると言える。しかし、それらは経験を積んでいけば徐々に身につくものだと私は思っている。むしろ経験を重ねただけでは身につかない、人としての優しさや思いやり、気遣いなどがこの仕事ならではの特性として必要な印象がある。しかもそれは、身につけることが難しいものではなく、ホームヘルパーなどの職に就かないとしても、人として本来多くの人たちが身につけていくべきものだとも思っている。

〈ホームヘルパーの良し悪し〉について、もう少し具体的にあげると次のようなものがある。

私がまず大切だと思うのが、言葉遣いである。言葉遣いがつっけんどんだったり、きつい話し方だったりすると、どうしても相手は距離を感じてしまい、遠慮が生じてしまう。高齢者であるとなおさらだ。そしてあまり馴れ馴れしいのも良くない。節度をもって相手を敬い、優しい声かけ、礼儀正しい言葉遣いができる人は、そのまま人柄を表しているように思う。言葉遣いはまさに人柄を映す鏡だと、私は思う。
また、対応の仕方でも、相手の意向を聞かずに何でも自分でやってしまうと、相手から不満をもたれることが多い。自分は何でもできると思っていても、利用者さんが思うやり方やこだわりがあったりする。そこの家にはその家の、あるいはその利用者さんにはその人なりのやり方と共にこだわりというものがあって、それを尊重できること、そうした配慮ができることもホームヘルパーとして大切なことだ。

〈理想のホームヘルパーに求められる十の力(りき)〉

①気力　それは「気構え・やる気」ということ
②体力　それは「たくましさ・安定感」ということ
③協力　それは「協調性・助け合い」ということ
④行動力　それは「意欲的・頑張り」ということ
⑤精神力　それは「性格・人間性」ということ

⑥洞察力　それは「健康状態」ということ
⑦注意力　それは「思いやりの心」ということ
⑧判断力　それは「瞬時の判断」ということ
⑨説得力　それは「話術のうまさ」ということ
⑩包容力　それは「意思の尊重」ということ

以上が二十年間の経験を通して感じてきた私なりの〈理想のホームヘルパーに求められる十の力（りき）〉である。おわかりのように①から⑤まではヘルパー自身に関係することであり、⑥から⑩は、利用者さんへの対応の仕方についてである。前段での〈ホームヘルパーの良し悪し〉とも一部重複するところもあるがご容赦いただきたい。

まずは〝気力〟である。これは高齢者の介護に対するヘルパー自身の心意気のことで、本気でやっていくだけの「気構え・やる気」があるか否かを基本とした考えである。一段と人が現場を離れていく傾向がある今日において、ヘルパー自身のやる気と信念の強さを発揮するため、身体介護、生活援助それぞれのサービスについて「なんでもどうぞ」の精神であってほしいということである。

次に〝体力〟であるが、ご承知のように介護サービスのなかでも特に身体介護については、経験を重ねることで徐々に上達してくるとはいえ、ある程度の〝力〟も必要とするものである。このことからして、どうしても「たくましさ」と堅固な体格が好まれ、どっしりとした「安定感」も同時に望まれるということである。

③の〝協力〟は、ややもすると事業所内でのスタッフ同士による確執があり、これを無くそうということである。事業所の全職員がともに協力し、助け合うことで和気藹々となり、事業所内も明るいムードになることが期待できる。職員には常に「協調性と助け合い」の精神が重んじられ、そのことによって業務もスムーズに行われるであろう。

次は④の〝行動力〟である。前述したようにホームヘルパーの仕事は非常に過酷な状況にあるが、雨や風、雪などの自然現象にも負けることなく、さらに行ったり来たりの自転車走行もけっして苦にしない気持ちが必要ということである。利用者さんが首を長くして待っていることを思い浮かべ、考えたときに、ただひたすら利用者さんに向かって「意欲的」な行動とともに「頑張り」が発揮されれば理想的である。

ヘルパー自身のことに関する最後の⑤は〝精神力〟である。このことは先の〈ホームヘルパーの良し悪し〉でも一部紹介したが、人間が持っている内面的なものと外見的なものからの私の考えである。内面的には、まず精神が健全であって、さらに我慢強く、正直であり、加えて優しい人柄が常に望まれる。

なにぶんにも、ホームヘルパーというのは人と人との関わりであるから、やりがいがある反面、辛い体験をすることも少なくない。健全な精神をもち、多少の辛いこと、不条理なことにもぐっと我慢できる心の強さとしなやかさをもち、人に対して優しさを示せる人間であってほしいということである。また、正直者というのが、この仕事をするうえでの鉄則である。一方外見上では、人から見られてどのような印象をもたれるかである。礼儀正しく、笑顔が自然と出せれば、自ずと周りも笑顔になる。これぞ人を幸せにする秘訣(ひけつ)である。このように内面的な部分と外見上から見られる「性格と人間性」をもち合わせた人は、誰からも好まれるということである。

さて次に⑥から⑩の項目についてであるが、ここからはホームヘルパーがより良いサービスを提供していくうえで特に重要であり、最も基本的な部分である。そして、これらの項目は、単に事業所が求める〝理想のホームヘルパー像〟に限ったものではなく、利用者さんにあっても当然のことである。利用者さんがご自宅において自立した快適な生活を営むうえでの大きなポイントになる。

すでにホームヘルパーとして従事している人には、「何よ、いまさら」と思われるかもしれないため、残りの五項目については簡単に説明する。

まず〝洞察力〟である。ホームヘルパーが利用者さん宅へ訪問し挨拶すると同時に、利用者さんの顔色や表情を確認することからサービスは始まる。その際、利用者さんの様々な状況を目視することで、その日の「健康状態」の良し悪しまでも見抜くことができるか否かが、とても重要なことであり、ヘルパーの真価が問われることでもある。

次に⑦の〝注意力〟と⑧の〝判断力〟は、双方において関連する部分が一部見られる項目でもある。

⑦について介護の仕事では、利用者さんが家のなか、あるいは外出先にあっても、その人に対してけっして転倒やケガ等をさせてはならないという大前提がある。例えば、家や外出先でのちょっとした段差によるつまずきや入浴中に足をすべらせての転倒、あるいは車椅子で足をはさむことでのケガ等である。また、次章でもふれているが、生活援助の買い物サービスにあっても、利用者さんが依頼する品物を十分聞き取ることで間違いのない買い物が要求される。このように身体介護、生活援助サービスにおいても、ホームヘルパーはサービス提供中一瞬たりとも気を抜くことは許されず、常に利用者さんの動きや意向

に最大限の配慮が必要で〝目くばり〟と〝気くばり〟を十分発揮しながらサービス提供をしなければならないのである。私はこの配慮する気持ちが同時に「思いやりの心」でもあると考えている。

次は⑧の〝判断力〟であるが、先にも書いたがこれは⑦の〝注意力〟と一部重複する部分で利用者さんの転倒やケガ等に関連したことである。高齢の利用者さんにあっては、ちょっとした段差や足のもつれ等から思いもよらぬことで転倒し、骨折という大きな事故につながることが非常に多くある。また、随時ヘルパーの目があったとしても、あるいはヘルパーとの外出同行のときであっても、利用者さんが何かの拍子で一瞬くずれ落ちそうになることもそれほど珍しいことではない。そのようなときのヘルパーのとっさの判断と行動が、利用者さんの転倒やケガのリスクを大きく下げることから、この「瞬時の判断」がとても重要で神経を使うことにもなる。

⑨は〝説得力〟ということである。第一章の「介護保険を適用できないサービスが多すぎる」との副題のところで書いたが、現在でも場合によっては、ヘルパーが作業中に利用者さんから『保険適用外』のサービスを要求されることがある。この要求に対してホームヘルパーはどう応えたら良いか非常に戸惑うところでもある。もちろん、利用者さんに対

して、不快な思いをさせたり、感情的にさせてはならないというヘルパーの使命がある。前段でも述べたが、ヘルパーの言い方がつっけんどんだったり、強い口調はNGであるからだ。ではどうすれば良いか。私は、笑顔で優しい言葉遣いと静かな話し方によって「話術のうまさ」を十分発揮しつつ説得させる方法がベストと考える。

最後の〝包容力〟であるが、広辞苑によると〝包容〟とは①包み入れること②人を寛大に受け入れること、とある。介護サービスとは人が人を支える大事な仕事であるということは再三述べてきたとおりである。

ホームヘルパーが初めて訪問する際にまず思い浮かべることとは、「どんな利用者さんかしら」ということである。それもそのはず、利用者さんにあっては考え方や性格、あるいは日常生活などが様々であることからヘルパーにとっても気になることのようだ。だからこそホームヘルパーは「はたして私に務まるだろうか」とか「相性は合うだろうか」などと真剣に考えてしまうのである。

確かに、利用者さんのなかには、日常における物事に対して自分流のやり方やこだわりのある人が多くいることも事実である。しかし、余程相性が悪ければ別として、初対面で決めつけることはないと思うし、時間の経過とともに「とても良い利用者さんだ」と考え方が変化していく場合もよくあることだ。関係を良くするコツはホームヘルパー自身がまずその利用者さんの考え方やこだわり等を認めて、心から受け入れることにあると思う。さらに、ホームヘルパーも作業にあたっては、自分流のやり方や考えをけっして押し付けることがないよう、すべてにおいて利用者さんの「意思の尊重」を大前提に、その意思を一つひとつ確認しながらサービス提供をしてほしい。

以上のように私なりの〈理想のホームヘルパーに求める十の力〉として紹介してきたが、同時に、この〈十の力〉を持ち合わせながらサービス提供をしている人こそ「理想のホームヘルパー」であると私は思っている。当然、現役のヘルパーさんたちにはこのことを十分発揮しながら日々頑張っていることから、おさらいの意味で参考までに。また、今後ホームヘルパーを目指す方は、是非この〈十の力〉を身に付けて素晴らしいホームヘルパーとして育ってもらえれば誠に嬉しい限りである。

これら様々な〝力〟のほかにも、男性と女性ヘルパーのそれぞれの良さ、あるいは最適な年齢や福祉の仕事に向いているといわれている血液型等についても「理想のヘルパー像」として求められることがあるかもしれないが、あえてここではこれ以上書くことは差し控えたいと思う。ただ、喫煙者だけは敬遠される傾向にあるのでくれぐれも注意を……。

ホームヘルパーはなぜ辞めてしまうのか

訪問介護サービスのホームヘルパーという仕事は〝介護の神髄〟である。高齢者の自宅での暮らしを支え、人生の後半を自分らしく生きていくための力添えをする。そこには人と人とのつながりがあり、信頼があり、喜びがある。ホームヘルパーこそが様々な職業のなかでも、人に感謝され、人に敬われるべき仕事だと思う。しかし今や不人気の職業の代表格へ。二十年間で、これほど浮き沈みの大きな職業は他に類を見ないであろう。

長年、訪問介護の世界で生きてきた私から見れば、その原因には、国の制度上の問題、働く環境、利用者さんとご家族の問題、ホームヘルパー自身の問題など様々な側面があり、そのどれもが深刻な問題として立ちはだかっていると思われる。

そこで繰り返し述べることも多いが、私自身が経験として感じている、ホームヘルパーの離職の十の原因を取り上げて、その内容を掘り下げてみたい。

原因①　サービス提供時間の大幅な短縮

この件については前段でも若干ふれてきたが、ヘルパー離職の一番で最大の原因であると思われることから、私なりに詳しく述べてみたいと思う。

国は介護保険における訪問介護サービスの提供時間について、この二十年間に数回の改正を行ってきた。

平成十二（二〇〇〇）年の開始当初でのサービス提供時間は、身体介護の場合三十分未満、三十分以上一時間未満、一時間以上と大きく三通りに区分され、また、家事援助と複合型サービスについては、それぞれ三十分以上一時間未満と一時間以上の二通りの区分であった。その後、平成十五（二〇〇三）年には家事援助が生活援助に名称変更されるとともに複合型サービスは廃止された。

しかし、この時点でのサービス提供時間の区分については、身体介護、生活援助ともに変更がなく、平成二十四（二〇一二）年三月まで継続されてきた。

ところが、国としては将来身体介護に一本化したいという目論見もあってか、この年の四月からサービス提供時間を身体介護では二十分未満から始まり、二十分以上三十分未満、三十分以上一時間未満、一時間以上の四通りの区分となった。一方、生活援助では二十分以上四十五分未満と四十五分以上という従来どおりの二つの区分のままであったが、生活援助については、かなりの時間短縮を余儀なくされ今日に至っている。

つまり、制度開始当初と比較した場合には、相当の時間差が生じているということである。

なにぶんにも開始当初にあっては、例えば、身体介護における通院介助の場合、ヘルパーが利用者さんと同行することで、利用者さんの自宅を出発してから帰宅するまでの所要時間すべてが介護報酬の対象として認められ、その所要時間が五、六時間のときも多々あったものだ。一方、当時の家事援助においても、独居の利用者さんが日中から寝るまでの間は一階のリビング等を使用しての生活であって、就寝時は二階の寝室やトイレ等を使用することになるといった場合には、一、二階を含め一軒丸ごと掃除をすることになり、同時に洗濯等もやることになると四、五時間という長い時間になってしまうことは、それほど珍しいことではなかった。そして、この要した時間どおりに介護報酬が支払われたものだ。

これは、制度開始当初ということもあってか国のほうでも昨今とは違い、サービス提供時間に関しては比較的柔軟性を持った対応であったことを物語っている。

しかし、それもはるか昔の話である。その後には、訪問介護サービスの提供時間が一段と厳しさを増し、通院介助サービスでは病院内での介助が介護保険から除外され、介護報酬は認められなくなった。一方生活援助では、国が示した時間に従う形で各事業者にあっては、サービス内容にかかわらず四十五分未満を主力として、四十五分以上については、一時間を限度にサービスにあたる状況となった。

一方、生活援助における報酬単価については、サービス提供時間と同様に二十分以上四十五分未満と四十五分以上の二通りに設定されていて、特に四十五分以上の場合は、四十五分過ぎてその後何時間サービス提供しても単価は一律であって、報酬自体が固定化されてたのである。

ちなみに、国で示している生活援助の四十五分以上という単価は、三鷹市の場合、一回当たり二百二十四単位で金額にして二千四百七十五円である。

つまり、以前のように一回当たり四、五時間サービス提供をしたとしても、支払われる介護報酬は二千四百七十五円ということから各事業者も一時間を限度とせざるを得ないのである。ただし、利用者さんが一時間過ぎた残りの時間は、全額自己負担で良いということであればその限りではないし、オーバーした時間分だけ利用者さんが自己負担として支払っていただければよいという考え方から、東京都の職員にあっては「何時間でもどうぞ」と冷たい態度である。

このように平成二十四（二〇一二）年度から、身体介護では二十分未満という区分が加わり、生活援助においては大幅な時間短縮となった。ただ、身体介護についてはある意味サービス内容に応じた形での時間区分とも考えられる。

つまり、部分清拭をした後のオムツ交換で二十分未満、トイレ同行による排泄介助が二十分以上三十分未満、入浴介助の場合で三十分以上一時間未満、そしてこれらのサービスに付随して何か特別なことが生じたときは一時間以上かかることもあるだろう。

こう考えたときに、最も時間を要することが予想される通院介助について是正したことは、ある程度納得できるものである。だがしかし、生活援助における四十五分以内や最大一時間という提供時間では掃除、あるいは洗濯、それとも買物といったように、どれか一つのサービス内容しかできないのが現実のようだ。

今日でも多くの利用者さんが生活援助サービスを依頼してきている状況を考えたとき、身体介護と同様とても大切なサービスであることから、大幅な時間短縮は果たしていかがなものだろうか。

なにぶんにも、サービス時間の大幅な短縮によって当然ヘルパーは時間に追われ、慌ただしく作業を終え去っていくことになる。しかしこれはヘルパーのせいでは決してない。むしろヘルパーは犠牲者であろう。決められた時間に効率良く作業をすることを求められるあまり、本来、人と人との支え合いであるはずの介護が、なんとも無機質な家事労働となり、ヘルパー自身にとってはやりがいを奪われたことにもなる。

さらに、一人の利用者さんに対するサービス時間が短くなったため、以前のような収入を得るには一日に何箇所も移動しながら仕事をしなければならなくなった。ときには三、四十分のサービスのために、前後一時間以上の移動時間という場合もある。先にも書いたが、冷たい雨のなか、強い風のなかであっても、歯を食いしばって移動するその時間は、明確なものとして介護報酬には換算されることなく労働基準監督署を通じて事業者任せになっている現状は、冷酷そのものである。

つまり、サービス時間よりも移動時間のほうが長いこともあるなかで、ヘルパーは体力を奪われ疲労困憊(こんぱい)しながら、なおかつサービス時間の減少で収入が減るのではとても耐えられないというのがホームヘルパーの本音であり、現場を去っていく一番で最大の原因であると断言する。

その解決のためには、最低でも四、五時間程度滞在できるような制度に再度改正する必要があるだろう。このことによってご家族も安全、安心の思いを持ち、在宅志向の利用者さんにとっても非常に満足できるものになるのではないだろうか。

これらのことを解決しない限り、訪問介護のヘルパーはとても居つくことはないだろう。少しでも利用者へのサービス時間を減らすことで社会保障費として支出される金額を減らしたいという国の狙いが、そのまま現場で働くホームヘルパーを直撃し、その働きにくさにもなっている。

原因②　認知症の方への関わりが精神的な負担に

介護保険の要介護認定における判断基準の一つが「認知症高齢者の日常生活自立度」と呼ばれるものだ。認知症の程度によって要支援、要介護などの判定の参考にされるのだが、介護と認知症の関わりは深い。

ここで、認知症を発症する原因について、私なりの考えを述べてみたい。

私は、急速に進展してきた核家族化による親子の断絶が、少なからず原因としてあるのではと考えている。独居の高齢者と老夫婦世帯が爆発的に増えたことで、親子の会話が皆無に等しいくらいに減ってしまった。高齢者の多くは、会話も乏しい寂しい、刺激のほとんどないような家庭環境のなかで、日々を過ごしている。

また一方、仮に子どもたち世帯との同居をはたしていても、配偶者を亡くした一人身の高齢者にあっては、家の奥の部屋に閉じ込められ、毎日そこでテレビを見て時間を過ごす姿は、高齢者の独居生活と等しく、まさに認知症発症リスクが非常に高いといわざるを得ない。

年齢を重ねても、趣味を楽しみ、生きがいをもって、外出や友との交流を心がけることが認知症リスクを下げると一般ではいわれているが、何よりも日常生活のなかで、家族と一緒に楽しく過ごすことだ。現代における認知症の増加の最大の原因は、家族制度の崩壊にあると私は強く感じている。

さて、内閣府の平成二十八年版高齢社会白書によれば、六十五歳以上の認知症の患者数は五百万人を超えており、要介護認定を受けた高齢者のうち約十九パーセントが、その原因は認知症にあったといわれている。

このように介護サービスと認知症は切っても切れない関係にあり、ホームヘルパーたちもそれなりの知識や訓練を受けて臨むのだが、それでも並々ならぬ苦労がある。

なにぶんにも認知症の方との関わりのなかで、ホームヘルパーがもっとも現場を離れていく理由としては、物が失くなったとか盗られたといわれてしまうことである。それは認知症特有の〝物盗られ妄想〟で、認知症の初期的な症状の一つであり、認知症という病気がそうさせていると考えれば、仕方のないことである。それ故、各訪問介護事業者においても、職員に対してしっかりとした指導と管理を行っていれば大きな問題とならず、回避もできる。

だが現実には、利用者さんやご家族からありもしないことをいわれたり、ドロボウ扱いをされれば、ホームヘルパー自身としては当然腹立たしくもなるだろう。そしてこの仕事に嫌気が差し、耐えられなくなって、最後は現場を去っていくのである。

それ以外にも様々なことがあり、具体的な出来事については次章で一部述べるが、認知症の高齢者と向き合う仕事に、精神的に参ってしまい、この仕事を離脱してしまうホームヘルパーも多くいる。

原因③　ホームヘルパーという職業の不明瞭さ

前段でも書いたように、介護保険制度のなかで訪問介護サービスとその現場の原動力であるホームヘルパーの立場、環境は目まぐるしく変化していった。国は明確なビジョンをもたずに見切り発車的に制度をスタートさせ、その後も予想を超える介護認定者の増加、社会保障費が膨れ上がるなかでの度重なる制度変更をして、それにもっとも翻弄されたのがまさしくホームヘルパーたちであったのだ。

たとえば制度導入時、新たな専門職資格としてホームヘルパーが誕生したが、その名称を担う人材が圧倒的に不足していた。前述したが、同様の保険制度があるドイツでは、準備期間として二十年をかけたといわれるが、日本はわずか五年。迫りくる超高齢化社会に対応すべく駆け足で制度を整えた。このためホームヘルパーという資格を作ったは良いが、その人材はまったく育っていなかったのだ。そこで国が人材確保のために取った手段は、病院などで家族の代わりに付き添いなどをしていた家政婦さんを活用しようと考えたのだ。そして家政婦協会に働きかけ、家政婦さんとして働いていた人たちに決められた時間だけ講習を受けさせて、ホームヘルパーの名称を授けた。いうまでもなく人的確保がまずの目的であったからだ。講習を受けた人たちは平成十二（二〇〇〇）年三月三十一日まで家政婦さんとして働き、四月一日からはホームヘルパーとなった。

このため利用者側には、ホームヘルパーは家政婦の名称がカタカナになったくらいの認識しかない人も多く、その誤解は二十年経った現在に至ってもまだ残っているように思われる。つまり、介護事業者から派遣されたホームヘルパーをお手伝いさん代わりと考えている高齢者も少なくないことから、嫌気と落胆で「さよなら」していったヘルパーも多い。

こうした実情は国が事を急ぎすぎて、制度に見合う人材育成を十分な時間をかけて行わなかった結果である。本来であればホームヘルパーは介護の専門職であるのだから、導入当初からそうした人材をきちんと教育して育成していれば、ホームヘルパーもその自覚をもって仕事にあたり、また国民の戸惑いも少なかったのではないだろうか。

原因④　ホームヘルパーに立場の低さを感じてしまう

訪問介護サービスでは、ケアマネジャーが作成した計画に合わせて、ホームヘルパーが利用者さんのご自宅を訪問し、身体介護や生活援助のサービスが行われる。これは言葉を変えると、ケアマネジャーの指示でホームヘルパーが動く、ともいうことができよう。訪問介護サービスがこうした仕組みであるが故に、どうしてもそこに職種による上下関係が生じてしまう傾向にある。すべての人がそうとはいえないが、ケアマネジャーのなかには自分自身の立場を上に置き、ホームヘルパーに対して見下したような態度を取る人もいる。

さらに利用者さんやそのご家族も、ケアマネジャーの前ではいい人を演じながら、ホームヘルパーにはわがままや文句をぶつけるような人もいる。

こうしたことが重なると、ホームヘルパーのモチベーションはほとんどの場合、下がってしまう。訪問介護の現場を支えているのは、紛れもなく利用者さんと日々接し、細々と気を配りながら寄り添うホームヘルパーたちである。ところが指示出しをするだけのケアマネジャーのほうが地位や立場が高く、またそうしたことを日々の仕事のなかで感じる機会が多いことによって、働く意欲が失われてしまうのだ。

介護の世界ではホームヘルパー、ケアマネジャー、介護福祉士、ソーシャルワーカーなど、資格とその役割が明確にされているため、立場が固定化されやすい。それが人間関係にまで影響を及ぼしてしまうことが少なからずある。

ホームヘルパーとして働く人たちのなかには、こうした状況に甘んじることなくキャリアアップを目標として、介護福祉士やケアマネジャーなどの資格取得をめざす人もいるが、介護業界そのものに不満を感じて、離れていく人たちもいるのが非常に残念だ。

原因⑤　事務作業の多さが職員全体を疲弊させる

現在、管理者でないケアマネジャーおよびサービス提供責任者は、ホームヘルパーとの兼務が基本的に認められている。実際、訪問介護事業所ではホームヘルパー不足に四苦八苦しているため、たとえケアマネジャーやサービス提供責任者の立場であっても、ホームヘルパーとして利用者さんの元へ足を運ばなければならないということは珍しいことではない。

本来、国としてはできるだけケアマネジャーやサービス提供責任者は兼務をしないことが望ましいと考えているかもしれないが、それを現実は許さない。彼ら、彼女らが事務作業に集中したいと思っても、利用者さんがホームヘルパーの訪問を待っている状況でホームヘルパーが足りなければ、そちらを優先させなくてはならないからだ。

こうした事務作業は兼務の職員に限らず、それぞれのヘルパーにおいても作業日報等が課せられ、次の仕事に向かう移動時間を考えたときなどに意外と大きな負担となっているのが現状だ。その多忙さから、兼務の職員はもちろんのことヘルパーたちにあっても体調を崩したり、気持ちが切れてしまい退職してしまう人もいる。真面目で、熱意をもって仕事をしている人ほど、こうして追い詰められていってしまうように感じられるが、それこそがこの業界全体の損失である。

国は国民からの大切な保険料と税金によって成り立っている制度である以上、ある程度の事務的作業はやむを得ないとの判断であろうが、利用者さんの立場からすれば、それほど大きな意義を感じていないだろうし、その分少しの時間でもサービスをしてもらうほうが良いと思っているのが本音ではないだろうか。

原因⑥　サービス内容の比重が身体介護へと移行している

介護保険制度の在宅介護サービスは、身体介護と生活援助に分けられる。利用者さんにとっては生活をする上でどちらも欠かすことのできないサービスで、その価値は等しいと私は考える。また、これらを明確に区別することは難しく、本来は身体介護も生活援助も総じて利用者さんを支えるサービスであると思えるのだがいかがだろう。

ちなみにドイツのホームヘルプサービスでは、生活援助と身体介護は区別されておらず、両方のサービスが一体的に提供されている。しかし日本では身体介護の後にわずかな時間生活援助サービスも可能になってはいるものの、基本的には身体介護と生活援助に大別されていて、サービスの報酬にも差をつけている。生活援助のサービス料が低く抑えられているのは、それこそがまさしく生活援助サービスの評価を低く考えていることの証しであろう。

ホームヘルパーとして働く人たち、あるいは働きたいと考える人たちは、料理や掃除などの家事が得意で、その技術を生かしたいとこの世界に入ってくる人もいる。特に専業主婦など主婦生活が長い人たちが、これまでの経験を生かす職場として適しているのがヘルパーという仕事だ。

介護保険が始まる前は、まだ現在のように結婚して子どもを生んだあとも働き続ける女性は多くなかったが、介護保険制度のスタートとともにホームヘルパーという資格と職種が誕生したことで、一度社会から離れた女性たちが再び仕事を手にするチャンスであると期待を込めて迎えられたものであった。だからこそホームヘルパー人気、というものが成り立ったのではないか。

しかし徐々に国の制度が見直されるなかで、生活援助サービスの評価は残念ながら低く、時間的にも費用的にも縮小する傾向にある。そのためこの仕事への興味ややりがいをもつことができなくなって、退職していくヘルパーも当然いる。

さらに現在のヘルパー年齢は、けっして若い人ばかりではない。なかには七十代、八十代のホームヘルパーが、同世代の利用者さんのご自宅を訪問しているといったことも実は珍しくないのだ。だが身体介護の技術は経験によって向上してくるとはいえ、年齢を重ねていくにしたがい体の動きも鈍くなり、疲れやすくもなる。身体介護は肉体的な負担も大きいため、一定の年齢を超えると遠ざからざるを得ない状況になってしまうことがよく見受けられる。

現在、国が考えている方針は、身体介護のみのサービスにシフトしていこうとしているように見られるため、歳を重ねたホームヘルパーは「とても無理」「もうこれ以上仕事ができない」と判断し、離職していく現実もあり、それもとても残念なことだと感じている。

ましてや、家族制度の崩壊によって独居の高齢者と老夫婦世帯が急増している今日、これらの人たちにとっては、毎日の生活を支えていくうえで、身体介護よりも生活援助サービスを求めてくるケースが圧倒的に多いことからして、生活援助はとても大切なサービスであるだけに、これを無くしていくことには大いに疑問をもつところである。

原因⑦　過酷な労働状況に耐えられない

先にも書いたが、訪問介護のヘルパーにあっては雨の日も、風の日も、利用者さんが待っている限り、休むことはできない。利用者さんによっては、ヘルパーが行かなければ食事も取れず、おむつの交換もできないことから、日々の暮らしを支える、命を支える責任は重く、プレッシャーを感じることもある。もちろん事業所が主体となって、チームでの介護を心がけているが、それでも実際の現場に行くのはホームヘルパー一人である。個人の肩にかかる責任や負担がかなりあり、肉体的にも精神的にもしんどいことも多い。

また身体介護の仕事では、利用者さんの身体を支えたり、サポートしたりする力仕事も多いことで、腰痛や腕、肩の痛みなど、さらには様々なウイルスの感染症に対する不安等から逃れるため事業所を去っていったヘルパーも過去にはいたが、今回のコロナ騒動ではなおさらのようだ。総じて、そうした肉体的や健康面での負担から、退職するヘルパーもかなりいる。

原因⑧　ホームヘルパー資格の廃止による将来への不安

国は平成二十五（二〇一三）年にホームヘルパー１級、２級という資格を廃止し、介護福祉士を頂点とするキャリアパスを描いた。在宅介護サービスのホームヘルパーと、施設介護のヘルパーを統合し、介護に携わる人材の質の向上をめざす、というのがその理由である。このため新たに創設されたホームヘルパーの資格に代わるものとして介護福祉士実務者研修、介護職員初任者研修なる、ややこしい名称の資格が誕生したのだが、これらの資格を取るためには新たな講習を受ける必要がある。

現役で働くホームヘルパーたちにとって、自分たちの資格が勝手に廃止された上で、さらに新しい資格を取得しなさいといわれても、素直に「はい、そうですか」とはいえまい。国は訪問介護と施設介護の資格併合が目的だというが、すでに訪問介護の世界で経験を重ねてスペシャリストになった者たちが、あえてわざわざ施設介護の技術や知識を得る必要はないと考える。

介護に限らず、資格というのは社会で生きる上での大切な武器の一つである。だがせっかく取ることができたホームヘルパーという資格を、わずか十年余りで廃止してしまう国の行為は、あまりに無謀ではなかったか……。今後、さらに介護の世界で生きるためには介護福祉士をめざすことが必要とされているが、すべての人たちがこうした資格にとらわれる必要があるとは思われない。そもそも勉強は苦手、資格を取らなければならないのが苦痛、というホームヘルパーもいる。何百時間というとてつもない講習時間と大金を使ってまで、介護福祉士の資格を取得しようと思う人がどれだけいるであろうか。

こうした制度の変更によって、現在の資格が活かせないのなら介護業界にいても意味がないと、現場を離れていくホームヘルパーもいる。

よく考えてほしい。現在のようなホームヘルパーの減少を食い止めるためには、まずは誰もが挑戦できる環境を作り、裾野を広げることが必要ではないか。資格、資格と騒ぎ立てるのではなく、なりたい人の資質を評価して、誰もがチャレンジできる環境を整えることのほうが大切だと思われる。

原因⑨　より条件の良い仕事を求めて転職する

介護保険制度が導入された平成十二（二〇〇〇）年当時は、バブル崩壊後の日本経済の低迷で、まさに就職氷河期といわれた時代であった。大学を卒業しても安定した会社に入れる保証がなかったような時代に誕生した介護職の世界は、新たな職業として注目され、人気を集めることになった。

しかし実際にホームヘルパーをはじめとする介護の仕事の実情がわかるにしたがい、人気は下落傾向をたどる。一方で日本全体では、平成二十一（二〇〇九）年のリーマン・ショック後に一時期有効求人倍率は低迷したものの、その後は経済の立ち直りとともに、少子化による労働人口の減少から、売り手市場が続くようになった。

どうせ働くのであれば、良い給料、良い条件のもとで働きたいというのは誰でも思うところであろう。特に若い世代では大学などで福祉を学んでいても、介護業界を選ばず民間企業への就職を希望する学生も多いと聞く。

また介護業界のなかでも施設介護サービスは、正社員での採用も多く雇用も安定しているのだが、ホームヘルパーは登録ヘルパーのように正社員ではなくパートのような時間給で働く比率が高い。そのため立場が不安定なことや、収入が少なくなる傾向があることなどから、条件面から見ても厳しい状況だといわざるを得ない。

景気が良くなれば良くなるほど、ホームヘルパーのなり手が減っていく。その現実を知り、私は常々「ホームヘルパーにとって不景気は最大の武器」を口癖にしている。令和二（二〇二〇）年になって、新型コロナウイルスの感染拡大を受け、経済の減速がいわれているが、はたしてそれがホームヘルパー需要の追い風になってくれるだろうか。

原因⑩　利用者さんのご家族との軋轢（あつれき）に悩む

介護保険制度が導入され、ホームヘルパーが介護職として認められるようになってから、まだ二十年に過ぎない。多くの高齢者やそのご家族にとっても、ホームヘルパーと接するのは初めてという場合がほとんどだ。ホームヘルパーという職業への理解が足りず、誤解が生じてしまうことも少なくない。

また、介護は実際の家事や介護技術よりも、まず人間同士の関わりが重要な仕事である。こうした人と人との関わりにおいて、ややもすると利用者さんよりもそのご家族との間で様々な問題が生じてストレスとなり、仕事を辞めてしまうヘルパーもいる。

さらにそこでは、ご家族が男性であるか女性であるかによってホームヘルパーへの対応に違いがあることを経験から感じている。男性の場合は「親の思うようにやってあげてください」と、ほとんど口を出さない。しかし女性のご家族にあっては、本来自分がやるべきことだが仕事をもっていて介護に専念できない、という思いがあってなのか、ホームヘルパーを自分の分身のように思ってしまいがちである。そして自分が普段、親にやっていたとおりのやり方を求めてしまう。そのやり方が思いどおりでない場合などに、不快な態度や不満を口にすることで、利用者さんに対する以上に関わり方が難しく、神経を使うことになる。

また、利用者さんやご家族から介護保険適用外のサービスを求められ、事業所に相談しても良い返事が得られないときなどには、板挟みになり、大きなストレスになったりもする。

ホームヘルパーの仕事の過酷さや、人間同士の様々な軋轢などを理解して、それでも介護の仕事にやりがいを感じて、この世界に入ってこられた人もいなくはない。だがそうした強い思いをもっていてさえも、利用者さんやご家族、事業所との関係に悩み、また制度の壁にさえぎられて「もっと利用者さんのためにしたいのに、できないもどかしさが辛い」といって最終的に去っていくことになる。

そうした実情は、千差万別であり、やはり現場を経験しなければわからない。

第三章

訪問介護の現場から

～この現実、あなたはどう思いますか⁉～

訪問介護の現場で起こっていること

もともと政治の世界から転身し、訪問介護と居宅介護支援の二つの事業を二十年間にわたって展開してきた私にとって、制度上の縛りもあるなかで利用者さんやそのご家族との関わりにおいて、互いが納得できるサービスを実現することはそれほど苦労ではなかった。それでも様々なことを見聞きし、経験を重ねていくなかで、まさしく試行錯誤を繰り返しながらより良い方向へ進みたいと奮闘してきた。

ときには利用者さんやそのご家族の悲喜こもごもの姿に接することで、制度の非情さを痛切に感じることもあったが、また喜びや楽しみをもって生きがいを見出している利用者さんの姿に触れることもあり、訪問介護サービスだからこその素晴らしい一面をホームヘルパーたちとともに実感した二十年間でもあった。まさにこのことに、訪問介護にこそ〝介護の神髄〟は確かにあるのだと率直に感じたのである。

訪問介護サービスにこそ、本来、介護が必要になった高齢者たちが理想とする老後の姿があるものと信じている。しかし今のままでは、訪問介護サービスの業界はより低迷していく。それを支えるホームヘルパーが減少し、人手不足によって質が低下すれば、利用者さんやご家族たちも訪問介護サービスから遠ざかり、通所サービスを始め施設での介護へとシフトしていくことになってしまうだろう。

しかしそれは、本人たちにとって人生の最後のステージとして決して望まれるものではないと私は考える。

何度も繰り返すが、介護サービスとは人と人との関わりのなかで実現していくものである。利用者さんもそれぞれ、そのご家族もそれぞれ、サービスを提供する事業者やホームヘルパーたちもそれぞれである。それぞれの組み合わせによってまた異なる化学反応を起こすことから、何が正しいか、何が間違っているかを四角四面に決めつけることはできない。それでも介護を必要とする高齢者の方たちに、自宅でより良い時間を一日でも多く過ごしてもらいたい、という思いを常にもってきた。

私は訪問介護・居宅介護支援の事業者という一面的な立場ではあるが、こうした立場であるからこそ見えるもの、感じるものがあった。

今、訪問介護サービスが社会の人たちから評価され、より良い方向に向かっていくための分岐点に差しかかっているのではないだろうか。だからこそ訪問介護の現場では何が起こっているのか、その実情を知ってもらいたいと思う。

この章では、訪問介護の世界にはどんな物語があるのかをお伝えしたい。良いこともあったし、悪いこともあった。

人間同士の関わりあいのなかで生まれたエピソードを中心に、紹介したいと思う。

十五年間の特養生活から我が家に戻れた喜び

Mさん一家の介護ストーリーは、私の二十年間にわたる介護事業人生のなかでも、特に心に強く刻まれている。

Mさん（女性）が初めて私の事業所を訪ねてきたのは、オレンジハートを開業して間もない頃だった。まだ地域包括支援センターの制度が始まっていない頃で、Mさんは自分の住まいの近くに訪問介護をしてくれる事業所ができたのを知り、訪ねてきたのだった。

その当時のMさんは五十代で、一人娘であったことから自宅で八十代のお母様の介護を頑張っていた。成人した二人の息子さんも同居していたが、仕事が忙しく、助けを借りられない状況で、介護サービスを活用することに決めたのだという。

それからMさん宅には十年近くホームヘルパーが通い、足腰が弱られたお母様のため入浴介助などの身体介護を中心にサービスをさせてもらっていた。

そうしたお付き合いのなかで、実はMさんの旦那さんが特別養護老人ホームに入所されていることを知った。五十代後半で脳梗塞で倒れられ半身が不随になり、数年間、病院をいくつか転院したあとに、やっと特養に入れたのだという。今も昔も、特養に入所希望者は多く、入所が決まったときは、入れて良かったとほっと安堵(あんど)されたそうだ。しかし時間が経つにつれ、変化も刺激も少なく、施設の部屋で一人寝たきりのような状況での夫の暮らしは、Mさんから見てもかわいそうなものに映ったという。

しかし高齢のお母様が日に日に衰えていくなかで一段と介護も必要となり、半身が利かない夫を家で見る自信は到底もてなかった。そのため特養でお世話になるしか選択肢はなかったのだ。

ところがお母様が訪問介護サービスの支援を活用して、亡くなる直前まで自宅で過ごすことができたことで、Mさんの気持ちに変化が起こった。地域のサポートを借りながら、夫を自宅で介護しようと決意したのだった。Mさんは六十代半ばになっていたが、まだまだ元気で体力も気力もあったことから、今しかない、と思われたようだった。

相談に乗った私たちも、「最後は我が家で……」というMさんの思いを受けて、全面的に協力することを約束し、チームでMさんご一家を支えることにした。

Mさんの旦那さんが自宅に戻られてまもなく、私が挨拶にうかがうと、目に涙を浮かべて「自宅に戻れて嬉しい」と、感謝していただいた。私も感無量、この仕事をしていて本当に良かったと思わずにはいられない出来事であった。

それから三年ほど穏やかな日々を過ごされて、Mさんの旦那さんは亡くなられたが、妻や子どもたちに囲まれて過ごした残りの日々はどうであっただろうか。「後悔なく見送れた」とおっしゃったMさんの言葉が忘れられない。

十五年間いた特養から、奇跡の在宅介護へ。家族の思いを私たちが支えられたことに、オレンジハートの仲間たちとともに大きな感動を覚えた出来事であった。

身体介護と生活援助はどっちがお得?

訪問介護のサービスを受ける利用者の方は、年金だけで暮らしている人がほとんどだ。だからサービスにかかる費用にはとても敏感だ。ときには自分の体のことよりも、お金が大切、というようになってしまうことがあっても致し方ないとは思うが、制度の複雑さと相まって、ちょっと困ってしまった出来事もあったことを思い出す。

私ども介護事業者は、事業を継続するためには当然一定の収入を得る必要があるが、一般の企業とは異なり福祉事業に携わるものとして、まず一番に考えるのは利用者さんにとって最適なサービスを提供することである。収入を増やしたいからと、利用者さんの不利益になるサービスを無理やり提供することはしない。また、こうした不正が起こらないようにするために、中立的立場のケアマネジャーの存在があるともいえる。

ただ、そうした制度の前提とは別に、金銭が絡むと様々な問題が生じることがある。その一例を紹介しよう。

ある八十代の独居の女性の介護サービスに入ったときのこと。当初、生活援助に入り、調理や掃除などを当事業所のホームヘルパーが担当していた。軽い認知症の症状があったものの、足腰はしっかりとしていたため、ケアマネジャーがリハビリも兼ねてヘルパーと一緒に料理を作ってはどうかと提案をした。元気であるために利用者さんが自分でできることは積極的に取り入れる、というのが国の方針としてあることもその背景にはある。

ここで制度の問題が入ってくる。ホームヘルパーが一人で食事の準備をするのならば生活援助サービスとなるが、利用者さんがホームヘルパーと一緒に料理を作ると、身体介護サービスとなる。ここで問題となるのは、生活援助サービスに比べて身体介護サービスのほうが料金が高くなる、ということだ。

利用者さんにこの話をしてみると、当然のことながらこんな言葉が返ってきた。

「ヘルパーさんに料理を作ってもらうと安くて、私が一緒に料理を作ったら高くなるっておかしいじゃない。それなら一緒に作ることはしないで、料理ができてくるのをじっと待っているわ」

そういって彼女はこたつに入り、ホームヘルパーが声がけしても、頑として動かなかったというのだ。

ケアマネジャーの提案はもちろん利用者本人のためではあるのだが、身体を動かさずにいたほうが安くて楽なら、そっちのほうが良いという利用者さんの言い分もうなずける。料理づくりは日常生活のなかでできる認知症予防法として効果的であるといわれているのだが、それにお金を出すのは惜しいということか。本当はお金に代えがたいものもあるのだが、その利用者さんを納得させることはできなかった。

もし金額が同じなら、一緒にやってみようといってやってくれたかもしれないが、こんなルールがあるからこそ利用者さんの行動を縛ってしまうということもある。リハビリなどによる健康保持と目先の金銭的負担を比べて考えたときに、はたしてどっちがお得でしょうか？　という問題提起であるようにも思われる。

生活援助サービスのほうが気を遣う

前述したように、介護保険制度では身体介護サービスよりも生活援助サービスのほうが費用が安く設定されている。その背景には、身体介護には介護の専門的な知識や技術が求められるが、生活援助は家事の延長であるのだから、誰にでもできる仕事と捉えられているようなのである。だが、それこそ現場を知らない、厚生労働省のお役人の言い分であると私は思っている。

料理をするのも、掃除をするのも、どこでやろうと同じではないかと思われるかもしれないが、自宅で家族のために料理を作ったり、掃除をしたりするのと、他人の家に行って、他人のために料理を作ったり、掃除をしたり、買い物を代わりにするホームヘルパーの生活援助とではまったく違うということをご理解いただきたい。

何が違うのかといえば、気遣い、配慮がなければやっていけないという部分であろう。利用者さんには、家事全般において個々のやり方やこだわりというものがある。

私は、食事や排泄の介助、体位変換、車椅子を押しての移動などの身体介護は、経験を積んで慣れさえすればそれほど難しくはないけれど、むしろ生活援助のほうが何年経っても難しいことがあると思っている。相手が異なればその一人ひとりに対応しなければならず、いつまで経っても気の休まらない仕事である。

たとえば日用品の買い物代行。いわれたものを買ってくれば良いと思われるだろうか。実はそれさえもちょっと注意が必要だ。

利用者さんから「パンを買ってきて」といわれたとしよう。

「はい、わかりました」ではホームヘルパー失格。「食パンで良いですか」でも、まだ素人。どのメーカーの食パンか？　何枚切りなのか？　こうしたところまで正確に把握しないと、あとでトラブルが起き、感情的にもめてしまうこともあるのだ。たった食パン一袋でもそうなのだから、トイレットペーパーしかり、牛乳しかり、どこにでもある身近なものほど、気を遣わなければならないこともある。

また、掃除もとても気を遣う作業である。私が新しく入ったホームヘルパーにまず伝えることは、「置き場所を変えるな」ということだ。机の上に置いてあるものや棚に並んでいるものなどを、掃除機をかけたり、拭いたりした後は必ず同じ場所に置くことを鉄則とするように念を押している。

訪問介護サービスというのは利用者さんの家に上がり込むことから、やはり慣れるまでは利用者さんも不安に思うことは当然だと思う。いつも置いていた場所になかったために、利用者さんが物がなくなってしまったと不安になってしまい、帰ってからクレームが入ることも少なくないのだ。また、同居するご家族がいる場合などでは、利用者さん本人の言葉を一方的に信じてしまう傾向があるため、トラブルになることも時にはある。

あるとき、新人のホームヘルパーが生活援助に入った利用者さんのご家族から、事業所に一本の電話が入った。

「母から連絡が入って、ベッドのそばにあったものがない。ヘルパーさんがもっていったといっているのですが……」と同居する娘さんの仕事先からの連絡だった。

「何が失くなったっておっしゃっているんですか?」

「それが……ポータブルトイレなんです」

「いやぁ。さすがにそれはないでしょう」

と、思わず私も苦笑い。戻ってきたホームヘルパーに尋ねても、まったく身に覚えはないという。仕方がないので二人でその家に戻り、寝室やその周辺を探してみると、隣の部屋の隅にそれはあった。

「○○さん、トイレ、ここにありますよ」

「あら、ホントだ。いつもこっちにあったから、気づかなかったよ」

すまし顔でそういった利用者さんは認知症の方であったが、娘さんも瞬間的に母親の言葉を信じてしまったようだった。

失くなったといわれたものがポータブルトイレであったから、まさかと笑い話になったが、これが宝石や貴金属であったらそうはいかない。

そうした事態にならないためにも、ホームヘルパーには細心の注意をはらい、掃除をするときもなるべく物を動かさないように、物を動かしたときは前の位置にきちんと戻す、ということを肝に銘じていてもらわなければならない。また、どうしても場所を動かしたいときは、自分の判断でやるのではなく、きちんと声がけをして確認を取ることも心がけてもらっている。

こうした作業も、一般の家政婦さんであればそれほど問題ないのかもしれないが、ホームヘルパーは、最大で一時間という短い、限られた時間のなかでやるべきことを済ませなければならないのだから大変だ。しかも慌ただしい素振りはなるべく察せられないような気遣いも求められる。

いかがだろう。単なる家事と侮るなかれ。他人の家で行う料理や買い物、掃除などの仕事はとても気遣いが必要な、大変な仕事であることがおわかりだろうか。

認知症の方への対応の大変さ

独居で認知症の利用者さんがデイサービス等を利用する場合に、ホームヘルパーがその送迎をサポートするサービスがある。これがまた、苦労の多いサービスの一つである。

この場合、ヘルパーの訪問時間が朝の八時や八時半という早い時間に設定されていて、その所要時間は長くて一時間、短いと三十分となっている。ところが利用者さんは、朝が早いこともあってかホームヘルパーが訪問して玄関先のチャイムを押しても一向に出てきてくれないといった状況がしばしば起こる。やっと気づいて出てきたときにはすでに所要時間のうちの十五分が過ぎていて、パジャマ姿のままということも珍しくない。その後、朝食代わりに何か食べてもらい身支度を整えるのだが、利用者さん本人は時間が押していることなどは気にせず、すべてにおいて普段の生活リズムで慌てることもないマイペースの行動である。

それだけに終わらず、あるときには突然その場で「今日はどうしても行きたくない」などといい、通所そのものを拒否する利用者さんもいる。こうした様々な理由から出発の準備が予定どおりには整わない。そのため出かける準備ができる前にデイサービスの送迎車が到着。すでに乗車している他の利用者さんを待たせることで、迷惑をかけてしまう結果となる。それも二回や三回程度のことであれば許してもらえるが、度重なる状況であると、ホームヘルパー自身も申し訳ない気持ちになる。原因となった利用者さん自身は自分の行動で出発が遅くなったことの責任をほとんど感じておらず、理由をいうこともないので、その通所事業者のスタッフは、ややもすると送りだす役割を担っているホームヘルパーの責任と考え、ときに嫌味の一つもいいたくなるようだ。

ホームヘルパーも利用者さんがいうことを聞いてくれなかったことを言い訳にすることはできないため、心労がたまる。これも苦労の多い仕事の一つである。

また、認知症のある利用者さんの場合、別居する子どもたちが時折会いに来たときなどには、様子が一変することがよくある。

久しぶりに子どもがやってくると、親の見栄から会話の内容や素振りにおいて認知症と思わせるような様子を上手に隠してしまうのだ。子どもたちも、うちの親に限って認知症はあり得ないと思うものである。加えて気づいてはいても、親が認知症とは思いたくないという気持ちがあるので、見て見ぬ振りをしてしまう傾向がある。

訪問介護事業者のホームヘルパーは、常に利用者さんと緊密に接し、会話や行動に神経を配りながらサービス提供を行っているので、認知症か否かの判断はある程度把握することができる。だからこそご家族の方にも、日常の変化で気になったことをお話したりするのだが、現実として受け止めてもらえず、ときには親である利用者さんの言葉のほうを一〇〇パーセント信じて、ホームヘルパーの責任を追及されてしまうこともある。

認知症の人に対する接し方については、おろそかにしたり無神経な態度は厳に慎むべきと、私は事業所の職員にいい聞かせてきた。〝認知症の人に対する関わり方のプロはいない〟というのが私の強い思いであって、あるときはスムーズに行われたとしても、別の日には手こずってしまうことも大いにあるわけで、けっしてホームヘルパーの技量の問題ではないのである。

そして、いかなるときであっても介護の一丁目一番地である〝利用者本位〟や〝意思の尊重〟を重要視するべきである。それには利用者さんの家族を含め、事業者同士が互いに理解し合いながらサービス提供していくことが、認知症の方に対する必須条件であると思っている。

ホームヘルパーは技術よりも心

高齢の利用者さんたちにとって、定期的に訪ねてくれるホームヘルパーの存在は、ときには家族以上に身近なものとなる。家事や身体介護などの仕事はもちろんだが、顔を見て、声がけをするだけでも十分に利用者さんの心を解きほぐし、刺激を与え、その存在意義は大きいと私は考えている。

つまり、再三述べてきたように訪問介護におけるホームヘルパーというのは、技術以上に、人と人との心のつながりこそが大切だからである。

ある若い女性ホームヘルパーの話をしよう。大学を卒業したばかりの二十代はじめで、ヘルパーとしての経験が浅く、さらに生活援助、すなわち家事能力がまだまだ発展途上という印象のAさんだった。それでもいつも笑顔でハキハキとしゃべり、そこにいるだけで周りが明るくなるような存在だった。

Aさんが担当したのは、八十代の独居の女性で、主に家事援助を中心とするサービスであった。高齢の女性はご自身が長年行ってきた家事のやり方に対するこだわりが強い人も多く、料理の味付けや洗濯物の干し方など、一つ一つに自分流があり、ホームヘルパーのやり方が気に入らないと細々としたクレームを出される方も多い。Aさんは大丈夫かな、と心配でもあったが、利用者さんの穏やかな人柄にも期待をしてサービスを始めると、とても気に入ってくれて、「Aさんが来るのが楽しみで、生活にはりができました」とおっしゃってくれた。

　あるとき、その利用者さんの近くに住んでいる娘さんから電話が入り、何かクレームではと恐る恐る受話器を取った。すると、こんな話をしてくれた。

「母が、今度来たヘルパーのAさんはとても良い子で、料理も上手だといっていたんですよ。それで今日、仕事がお休みだったのでちょうどAさんが来ているときに顔を出すことができて、やっとAさんとお会いできました」

　娘さんは明るい声でおっしゃってくれ、私もほっと胸を撫(な)でおろした。

「でもね」娘さんはちょっとおかしそうに言葉をつないだ。「Aさん、お料理がお上手と聞いて、若いのに偉いなぁと思って、母に用意した料理をちょっと味見してしまいました。Aさん、あまり料理がお上手じゃありませんよね」

　娘さんは嬉しそうに言葉を続けます。

「母がダイニングの椅子に座って、あれこれ口を出すのをAさんが聞きながら、一生懸命に料理を作っていました。そして、出来上がった料理を食べながら、母はAさんに向かって、とっても美味しいわよ、とすごく嬉しそうにいっていました。私にはそんなことといってくれたことがないので、ちょっとびっくり。でも、母もAさんと一緒にいるととても嬉しそうで、感謝しています。今日は、そのことをお伝えしようと思って」

私は、この娘さんからの電話に感謝した。作った料理がたとえ美味しくなくても、利用者さんへの対応や接遇の良さで、その料理も美味しくなるということを物語る出来事であった。

実は同じ利用者さんについて、もう一つ別のエピソードがある。それはAさんが担当する前、家事全般がとても得意な五十代のホームヘルパーを派遣したのだが、そのヘルパーは自分が何でも上手くできるという自負心が強すぎて上から目線の態度を示したようだった。すぐに「今日の人は二度と来させないでください」とお叱りの連絡を受け、Aさんに交代した背景があったのだ。

もちろんホームヘルパーとしての技量も大切であるが、それを判断するのは利用者さん自身である。私たちもそうであるが、苦手な人、嫌いな人の評価というのはどうしても厳しくなってしまう。逆に好感をもっている人であれば、少しくらいの悪い部分、苦手な部分も目をつぶろうと自然と思えてしまうだろう。

利用者さんとホームヘルパーの関係もまさしくそうで、良き人間関係の構築があれば、お互いに気持ち良くサービスを提供することができ、サービスが受けられる。

一〇〇パーセント、誰とでも仲良くうまくできるものではない。だからこそ私たちは相性というものに気を配りながら、同時に人と人との関わり合いのなかでサービスをしていきたいと考えている。

親切心を断る難しさ

高齢者だから、というのは語弊があるかもしれないが、利用者さんのなかには、どうしても感謝の気持ちを示したいと思われる方も多く、ホームヘルパーにお礼の気持ちのあらわれとして、物をあげたいという思いやりをもつ人も少なくない。お世話になっているから、何か形あるもので返したい、というのがその気持ちだろうか。だが、本当に申し訳ないのだが、様々な利用者さんの心遣いが、ホームヘルパーにとってはかえって気持ちの負担になることも多い。

たとえば暑い夏の日、汗をかきながら自転車でやってきたホームヘルパーに冷たい麦茶を一杯出す、部屋の掃除が終わったら熱い緑茶とお菓子。もしそれが近所の人や親しい友人であれば、当たり前のもてなしであろう。しかしホームヘルパーにとっては、利用者さんの家での飲食をはじめ、ましてや何か物をもらうようなことは一切できないので、お断りをするしかないのである。

利用者さんには心の通うサービスを、と心がけているが、具体的な物のやり取りに関しては、しっかりとラインを引く対応が求められる。もちろん決まりであることもあるが、一回、何かをもらってしまうとその後のけじめがつかなくなり、ズルズルと物をもらう習慣ができてしまうこともある。物をもらうことが当たり前となってしまうと、高額なプレゼントをもらってもそれが当然とホームヘルパー自身が思ってしまうようになることもあり、とても危険なのである。

ホームヘルパーの仕事とは個人のプライベートな空間に入り込んで行われる仕事である。もし利用者さんが善意で家にあるものを渡していたとしても、ご家族からはホームヘルパーが勝手にもっていったと思われかねない。実際に家のなかの価値のあるものを盗んだと疑いをかけられたり、事実盗まれたといった事件が起こったことも耳にしたことがある。だからこそそうした不信感をもたれないよう、日常からしっかりと自己管理が必要となる。

その他にも、作った料理を一緒に食べてほしいとか、たくさん作りすぎたからもっていってほしいなどと、利用者さんからちょっとした気遣いをいただくこともある。そうしたことも一切、断らなければならないのが当然のルールではある。

私はこうしたときには、「私たちは、税金や皆さんから徴収した保険料などで給料をもらっている公の立場ですので、個人的に物をいただくことはできないのですよ」と説明しながら理解を求めている。

つまり、社会保障制度のもとで働く我々は、民間の企業とは立場を異にすることをしっかりと自覚することが必要なのである。ホームヘルパーにとっては、利用者さんが自分を気遣い、優しさや親切心からいってくれていることも十分にわかっている。その気持ちを知りながら無下に断るのが辛い、という声も聞く。こうした利用者さんとのやり取りがストレスとなって、仕事を辞めてしまうホームヘルパーもいるのは、とても残念なことだ。

サービス提供時間の認識の違い

介護保険制度では訪問介護のサービス時間は細かく定められていて、ホームヘルパーはそれぞれのサービス計画書をもとに、各利用者さんの自宅へ赴き、決められているサービスをこの時間内で行わなければならない。

利用者さんやそのご家族にもこのサービス計画書は届けられているため、時間を区切ってホームヘルパーが仕事をしていることは理解してもらっているが、この時間のルールに関する認識の違いから、サービス提供者側と利用者さん側の間でもめごとが起こることがある。

あるとき、事業所に利用者さんのご家族の方から電話が入った。

「今日は、母が三時から一時間、入浴の身体介護サービスを受けたのですが、私が三時四十五分に家に戻ったとき、すでにヘルパーさんは帰られたあとでした。契約は一時間ですよね？」というものだった。

利用者さんの側からすれば、一時間の契約なのに、その前に帰ってしまうとは何事だ！

というお怒りのようだったが、実はこちら側にも言い分がある。介護サービスの時間設定は○分から○分未満、という設定になっており、その時間内に作業が終了すれば帰宅して良いことになっている。ギリギリの時間までいなくてはいけない、という決まりにはなっていないのである。一時間のサービスの場合は三十分以上一時間未満の時間設定になっていることから、三十分経過後一時間までの間に作業が終了し、作業日報を書き終えた段階で帰っても良いというルールとなっている。

制度が開始されてから数年経った頃、私が採用したケアマネジャーが「三十五分でも作業や日報が書き終われば、その時点で帰っても良いといわれた」と、以前に所属していた事業所での経験を語ったことがある。だが私は、「確かにそれは理論上良いのかもしれないが、契約書には一時間分のサービス時間を書き込んであるわけだから、契約優先の論理からすれば、作業と日報を終了してピッタリ一時間というのが本来ではないか」と、ケアマネージャーの言葉を否定した。

一方、今述べた入浴介助の利用者さんにあっても、担当したヘルパーに私の考え方を事前に言っておく必要があったと深く反省した。なにぶんにも、この利用者さんに対してサービス提供したヘルパーは、私のほうで採用する直前まで他の事業所に所属していたことから、その事業所のやり方で良いだろうと勝手に判断し、「四十五分間で退去してしまった」との本人からの説明であった。私としては非常に残念であった。

その後、国において、三十分未満のサービスについては最低二十分間、一時間未満のサービスについては四十五分間の作業を行うよう指導があったが、私にはいまだに契約書で示した時間との整合性に疑問をもっている。

確かに、身体介護は利用者さんのその日の状況次第というところもあり、体調や気分によって時間が前後することはままあるのだ。たとえばトイレの介助でも、ある日は三分しかかからなかったのが、別の日は十分もかかってしまった、ということもある。入浴でも、その日は体調があまり良くないので、短時間で済ませてしまう、というときだってある。

しかし前述したように利用者さん側、特にご家族などからは約束と違う、ということでクレームの対象となってしまう場合がある。時間が余ったら、他のサービスをしてくれたら良いじゃないか、と思われる人もいるかもしれないが、やるべきことは計画書によって決められているため、それ以上のことをすることもできない。

私の事業所では、こうしたクレームをなるべく出さないよう、決められた時間まではできるだけそのサービスに応じた仕事をするように働きかけている。たとえば入浴の身体介護で一時間未満というサービスが四十分ほどで終わったら、お風呂を洗ったり、利用者さんが脱いだ服を洗濯したりする。それであれば、一体としたサービスとして認められるからだ。ただし、余った時間に夕飯の準備をするなど、異なったサービスをすることは認められていない。

こうした時間に関する問題は制度上なかなか複雑なルールがあるが、事業者だけでなく利用者さんにとってももう少しわかりやすい時間設定であることが望まれる。

冷酷な人はケアマネジャーに向いているというのは本当か？

「娘から、『お母さん、この仕事を始めてから性格がきつくなったよね』って、いわれちゃいました」

あるとき、私ども事業所のケアマネジャーとの雑談中に、彼女がふとそんな言葉をもらした。

ケアマネジャーは介護支援専門員という資格をもち、ケアプランを作成し、介護保険の給付管理などをするのが仕事である。もちろんケアマネジャーはしっかりと制度やルールにのっとって利用者さんのケアプランを作成しているのであるが、ケアプラン一つでその利用者さんの生活は大きく変わるため、その責任は重大であり、またケアマネージャー自身のプレッシャーも少なからずあるのではないかと思う。

当然のことではあるが、利用者さんやそのご家族にとっては、できるだけ介護保険を使ったサービスを多く受けたいと思う傾向にある。しかし介護保険制度は国によって決められた制度であり、そこには多くの税金が投入されている。個々の希望にすべて応えていたら、財政はすぐに破綻してしまう。それでなくても高齢者の数は年々増加して、社会保障費は右肩上がりだ。介護保険が使える認定基準も次第に厳しくなっており、サービスが先細りになっていくのではないかという不安を抱えている高齢者も多い。

そんななかで、ケアマネジャーの立場は厳しい。困っている高齢者やその家族を前にして、もちろんその気持ちを汲みながらも情にほだされぬようにぐっと我慢してプランを作らなければならない。優しすぎては務まらない仕事だと、つくづく感じている。そうした仕事を続けていくなかで、自然と強さ、厳しさも備わってきてしまうのだろうか……。

私の事業所でもこんな出来事があった。ホームヘルパーをしていたある職員がケアマネジャー資格を取得したため、ケアマネジャーに職務替えをしてもらった。その職員はホームヘルパー時代から、明るくて優しく、利用者さんやそのご家族からも信頼され、とても可愛がられていた優秀な人であった。ところがケアマネジャーとなって様々な相談をもちかけられると、その多くのことが要望どおりにはできない現実に突き当たってしまったのだ。職員はその心の優しさから、虚しさと申し訳なさに耐えきれず、職務替えからわずか数ヵ月で、我が社を去ってしまった。

また、ある人から噂話としてこんなことを耳にしたこともある。私自身はケアマネジャーの試験を受けたことがないため、それが嘘か真かはわからないが、試験問題は一問に対して数項目の内容が列挙されていてそのなかから正しいものを一つ選ぶ方式だそうだが、数項目中で一番冷酷な内容のものに丸をつけると、合格間違いなしだというのだ。はたして本当にそうなのだろうか……。

介護の世界で働く人たちなら誰にでも当てはまるかもしれないが、ケアマネジャーをめざす人たちは、高齢者福祉に対して人一倍の熱意とそして優しさをもつ方々だろうと思う。そうした気持ちをもって入った世界ではあるが、その優しさや情熱だけではたちゆかない現実に突き当たる。ホームヘルパーも同様ではあるが、本来もつその性格の良さを失わずに、利用者さんやそのご家族からの期待に応えつつ、仕事を続けてほしいが、現実にはなかなか難しいこともまた事実である。いずれにしてもここ数年来、ケアマネジャーにおいても受験希望者が年々減少傾向にあるようだ。

ホームヘルパーの直行直帰の弊害

私自身が体験したものではないが、地方に住んでいる私の親戚で介護保険の利用者でもある女性からの体験談を聞いて、とても驚かされたことがある。現在でもこうした出来事はどこかで起こっているのかもしれない。

その親戚の女性は八十代半ばで、要支援1の認定を受けていた。週一回の掃除サービスをしてもらうため、ある事業所にホームヘルパーをお願いした。馴染みのホームヘルパーでもあり、親しく接していたそうだ。

その日、約束の時間に来たものの、そのヘルパーはなんとなく元気がない様子だった。そして家に上がるなり「今日は体調が悪いのでサービスができない」といって、女性が入っているこたつに入り込んで横になってしまったという。そして横になったまま時折咳き込み、顔色もあまり良くなかったのだが、結局、仕事は全くせずに所定の時間が来たらそのまま帰ってしまったというのだ。

さすがにそのときは女性も驚いて何もいえなかったものの、すぐに契約している事業所に連絡を入れ、別のヘルパーに担当を交代してもらったそうだ。もちろんそれは、正しい判断であろう。

「こんな人がいるなんて、びっくりしたわ」

彼女は私にそういった。

確かにそのヘルパーの行動は大いに問題であるが、私はその話をホームヘルパーの管理責任がある事業所という立場から考えてみた。

近年、この業界自体がかなりの人手不足でもあることから、各事業所の管理者としては、ホームヘルパーの人たちの質を保つのは一苦労であると思われる。誰か一人でも辞めてしまうと、利用者さんに迷惑がかからないように、とりあえずどんな人でも確保したいと考えてしまう事業者もなくはないだろう。

しかし複数人で働く現場であれば互いに目も行き届くが、ホームヘルパーの仕事は、一度利用者さんのご自宅に行けば、あとはそのご家族という限られた人たちとの狭い世界での作業である。ときには利用者さん以外には人の目がない、一対一での行為というのも多分にある。だからこそホームヘルパーの質の管理、というのは事業所の重要な役割であると心していなければならない。

さて、こうした環境下にあってホームヘルパーの一人ひとりの仕事ぶりをしっかりと管理できない理由の一つが、ホームヘルパーの働き方にある。もともとホームヘルパーは自宅から直接働き先の家に通うという形が不自然なく受け入れられてきた。特に訪問介護事業所に登録をして、必要に応じて利用者さんのご自宅を訪問し、時間分を働く登録ヘルパーは、仕事の前後に事業所に立ち寄らず、直行直帰という働き方が主流である。だがそれが、介護サービスの質を低下させる一因になっているのではないかと私は感じているのだ。

直行直帰という働き方は、当人にとっては楽かもしれないが、それだけに緊張感を保つことが難しいようにも思う。また、先の例のように少し体調が悪いときでも、事業所に相談することなく、とりあえず行けば良い、というような考え方になってしまいはしないか。

このようなこともあるため、私の事業所では登録ヘルパーであっても常勤並みに仕事をしてもらうことで、できる限り事業所に顔を出せるよう配慮している。「お昼休みは、事業所で一緒に」を合言葉にしたり、お給料は銀行振り込みにせず必ず事業所に来てもらい、感謝を込めながら私が手渡しする方法で二十年間継続してきた。

このことはいうまでもなく、ホームヘルパー一人ひとりの顔を見て、体調が万全か、精神的なストレスはないか、心と体の健康状態はどうかなどを確認するためのものである。体調だけでなく、何か精神的に気になることがあると表情や態度に出る。それは利用者さんへの影響も考えられるため、注意深く様子をチェックしている。

また、みんなで一緒に昼食を食べることにより、仲間たちとの関わりを通して、仕事に関する悩みや情報交換をすることも、良い刺激になっているだろうと考えている。

登録ヘルパーの多くは他のホームヘルパーたちと接する機会が少ないため、自己流、自分の考えで独りよがりに仕事を推し進めてしまいがちである。何か問題があっても、本人も気づけず、ましてや派遣している事業所でもわからない、ということもあろう。先の親戚宅を訪れたホームヘルパーも、事業所に寄っていたらその日の体調が悪ければまず事業所で気づいていたはずだ。

訪問介護は、一人ひとりの責任で行われる仕事だからこそ、様々な人たちが関わり合い、互いに協力をしあって、より働きやすい環境を維持することで、仕事の質も保つ必要があると考えている。

介護福祉士という仕事への理解

介護サービスに関わる専門職は様々にあるが、そのなかで唯一の国家資格であるのが「介護福祉士」である。国の制度変更で年度による違いもあるが、介護福祉士になるには、大きく分けて、介護の実務経験を三年以上積んで国家試験に合格する実務経験コースと、福祉関連の専門学校や大学を出て国家試験に合格する養成施設ルートの二つがある。

実務経験を積み、専門的な勉強をしっかりと行い、なおかつ国家試験に合格しなければならないため、なかなかハードルは高いが、その分、この業界で頑張って働き続けたいという意欲があれば、まずこの国家資格を取ろうと思う者は多い。

確かに介護保険制度における専門職としてのキャリアパスでは、介護福祉士はホームヘルパー1級（介護福祉士実務者研修）、ホームヘルパー2級（介護職員初任者研修）の上位資格とされている。

私の事業所でも、開業して間もない頃に、専門学校で介護福祉士の資格を取得したばかりだったYさんを採用したことがあった。開業当初の私の事業所では家事援助サービスが多かったため、Yさんも早速、家事援助サービスを依頼していた利用者さんのところへ派遣した。

しかし数日後、Yさんは私に退職届を提出した。驚いて理由を尋ねると、Yさんはこういった。

「私は、玄関の三和土(たたき)を掃くために、介護福祉士の資格を取ったわけではありません！」

あとで聞いた話では、Yさんが担当した利用者さんはとてもきれい好きで、Yさんの掃除のやり方にあれこれ指図を出したらしい。そうしたこともあって、自分は介護福祉士であって家政婦ではない、そんな思いを強くしてしまったのではないかと私なりに思った。

いつの世でも資格を取った介護職の人たちはキャリアアップを大きな目標としている。特に高校、専門学校、大学などで福祉を学んできた人たちは、介護というものの専門性を意識するあまり、介護を学んできたのになぜ掃除や洗濯までしなければならないのか、と疑問をもってしまうのだろう。

しかし私は、介護とは人を支える仕事。人のできないことに手を差し伸べて、その人が暮らしやすくなるようにお手伝いするのが役割であると考えている。そこには身体介護も家事援助の区別もないし、資格の優劣もないように思う。

説明者の違いで大損をこうむった！

介護保険制度は、日本の高齢者を支える重要な社会制度であるが、まだその歴史が浅く、また繰り返し制度内容の変更を重ねている。そのためその制度を元に事業を展開する私ども事業所側にとっては、戸惑いを感じることが多くある。現場の人間からすれば、朝令暮改とまではいわないまでも、いつの間にか制度が変わっていた、ということも多々あるのである。

日々、国や自治体から発せられる情報に細やかに気を配っていれば良いのだが、私どもの事業所のように限られた人員で様々な仕事をこなしていると、制度や仕組みに関することになかなか向き合う時間的な余裕がないのが現実だ。それでもルール違反を犯すわけにはいかないため、わからないことがあればとにかく自治体の担当者に問い合わせをする、ということを原則としていた。

ところがこうした行為が、反対に自分たちの首を絞める事態になってしまった経験があった。

訪問介護事業所では、管理者、サービス提供責任者、ホームヘルパーを配置することが義務付けられている。オレンジハートでは平成二十四（二〇一二）年に、事業所の管理者を私から開業当初より一緒にやってきたビジネスパートナーのOさんに変更しようとした、そのときのことだった。

Oさんはそれまで、サービス提供責任者であり、ホームヘルパーとしても現場に出ていた。サービス提供責任者の仕事は、ヘルパーと利用者さんとの調整役として訪問介護計画書の作成をしたり、ケアマネジャーと連携をしたりするなど多岐にわたる。事業所の要ともいえる仕事だ。こうした仕事をしながらホームヘルパーの業務もこなしてくれていたが、この状況で管理者となることには不都合はないかと案じた。

そこで私は早速、東京都に問い合わせをしたところ、管理者とサービス提供責任者、あるいはサービス提供責任者とホームヘルパーの兼務は認められるが、三つの業務の兼務は認められない、といわれてしまった。様々な職務を担うことで、それぞれの業務に支障が出てしまってはいけないからという理由であった。

なるほど、仕方あるまい。Oさんはとても優秀なホームヘルパーでもあったから、現場のスタッフから抜けてしまうのは痛手であったが、国の決まりならばしょうがないと諦め、Oさんが抜ける分を補充するためのホームヘルパーを採用した。

それから二年ほど経って、他の用件で東京都の担当者と話す機会があり、改めて管理者、サービス提供責任者、ホームヘルパーの兼務について尋ねた。すると驚いたことに、「業務に支障がなければ、兼務しても大丈夫ですよ」という答えをもらった。もちろん以前質問したときの人とは異なる職員であったが、これはどういうことかと驚いた。

兼務はダメだというから新たに人を採用したわけで、もし兼務が可能であればもう少し人的コストを抑える方策もあっただろう。知らずに損をするなら仕方ないが、問い合わせをしたのにこのような事態になったことを心底悔しく思った。これも後の祭りである。

国の制度でありながら、すべてが一律ではなく各都道府県によって判断基準が異なることも多く、変更も多い。なにしろ制度導入当初から、三年に一度のお約束のように制度の見直しが行われ、様々な改変が行われてきた制度である。実際の現場で働く者たちは、そのような区切りもなく、日々、利用者さんのために頑張っている。変更は大いなる負担である。

このような被害をこうむる事態になったのは、今思い出しても、本当に悔しい限りで、大損した。

みんなが幸せになる訪問介護の流儀とは

利用者さんの一人ひとりに暮らしがあり、それぞれの事情がある。そうしたことを十分に理解した上で、より良い暮らしを自宅で過ごしてもらうために、我々訪問介護サービスの仕事がある。しかし利用者さんと同じように、私たちサービスを提供する側も感情をもった人間であることも事実なのだ。

そうしたなかで、つくづく思うのは、やはり利用者さん、訪問介護サービス事業者双方が、お互いを思いやり、感謝して、手を携えながらこの関係を維持していくことはできないかということである。

そのためにはどうあるべきか――。

双方の間で絶対にしてはいけない注意点を列挙してみたので、ぜひ参考にしてもらいたいし、双方において最低でも左記の三項目については、しっかりと守ってほしいものだ。

■ホームヘルパーの利用者さんに対する三つの留意点

一　サービス提供にあたり、ヘルパー自身の考えを無理に押し付けることで、利用者さんに不快感を与えるような言動は絶対にしない。

二　サービス提供中においては、何があっても利用者さんから目を離すことは絶対にしてはいけない。

三　サービス時間に追われ、次の訪問のことが気になっても、忙しい素振りを利用者さんに見せてはならない。

■利用者さんがヘルパーに対して守ってほしい三つの留意点

一　ヘルパーに対し、お茶やお菓子等の提供、あるいは金品をあげるような行為はけっしてしない。

二　ヘルパーに対し、遠慮や我慢などはけっしてしないで、気づいたことははっきり伝えよう。

三　ヘルパーに対し、当人の自宅の住所や携帯電話の番号などを聞くようなことはしてはいけない。

さて皆さんはいかがだろうか。もし身に覚えがあれば、ぜひ改善して、より良い関係を築いてほしい。

第四章

訪問介護事業存続のための提言

〜〝家族介護〟と〝ヘルパー役(えき)制度〟が難局を救う〜

介護保険制度の改善が急がれる

そもそも、我が国が介護保険制度を導入しようとした意図は一体何であったか――。

それはいうまでもなく、当時の社会状況のなかで、家族介護の負担軽減を図る一方、女性の社会進出の促進を目的として、国が〝介護の社会化〟の名のもとで、大々的に推奨したのが始まりであった。しかしながら二十年経過した現状において、当時の考え方が本当に良くて、正しかったのかということを思ったときに、私には大きな疑問があり、納得ができないのである。

それはなぜか。一言で表現するならば、「家族介護の制度化をなぜ見送ったか」に尽きる。

特に、現状において介護保険制度の大きな課題は、人材不足である。導入当初、新しい職業として介護は大いに注目されたものだが、今では〝きつい、辛い、安い〟仕事として敬遠されるものとなっている。また、介護保険制度では年々介護認定の審査が厳しくなり、さらに介護の担い手不足から、介護をしてもらいたくてもしてもらえない、そんな高齢者もなかにはいる。

来たる令和七（二〇二五）年、団塊の世代が七十五歳以上となり日本の高齢化の一つの大きなピークを迎えるが、こうした問題はまったく解決できていないばかりか深刻度を増している。その対策が急がれるが、国は何か良い具体案をもっているのだろうかと私は問いたい。

いずれにしろ、この二十年間における訪問介護政策の失敗は、なんといっても「家族介護の制度化が実現されなかった」ことが大きな原因の一つとなっていることは否めない。家族によって介護を担うという考えは、時代に逆行していると思われるかもしれないが、私は決してそうではないと考えている。

この章では家族介護の重要性と、そこから派生してヘルパー確保につながっていく方策について述べてみたい。

また一方、国において兵役制度のように介護（ヘルパー）役制度の創設というアイデアについても述べたい。

この二つの方法によって、ホームヘルパー確保が必ず成功するだろうと確信している。

家族介護の意義と必要性を考える

長くこの業界に携わっている人のなかには記憶に残っておられる方もいるかもしれないが、介護保険制度がスタートする以前に、その制度構築の準備段階で〝家族介護の現金給付〟について議論がかわされたのである。

家族介護の現金給付とは、自宅で家族に介護をしている人に、訪問介護のホームヘルパーと同様に現金支給をする、というものだ。これを皆さんは無謀とお考えになるだろうか。

実は日本の介護保険制度の見本となったドイツの介護制度では、家族介護の現金給付が認められているのをご存じだろうか。しかし日本では、古くから、年をとった親の介護は自宅で娘や息子の妻といった女性たちが多くを担っていたため、こうした取り組みは女性を家に縛りつけ、女性の社会進出を妨げるとの声が上がって、導入が認められなかった経緯がある。制度が導入される期限を目の前にして、当時自民党の政調会長であった亀井静香氏が再度、家族介護の現金支給の必要性を主張したのだが、慎重論が多く寄せられて、その導入は叶わなかった。

そして今、私は改めて家族介護の現金給付の導入について考えるべきときが来たと思っている。訪問介護を事業とする私が、なぜ家族介護にこだわるのかといえば、その兆候が制度開始直前にあったことを、今でも鮮明に記憶しているからだ。

当時、全国農協中央会が全国すべての農協婦人部に対しホームヘルパーの講習を受講するように呼びかけたところ、多くの婦人たちがすぐにその呼びかけに反応したのであった。三鷹市の農協婦人部でも多くの婦人が講習を受け、ホームヘルパー3級の修了証を手にしたのであった。そのとき、彼女たちは一様に、「これから親や舅姑(しゅうとしゅうとめ)の介護が必要になったときのために、介護の基本を学びたかった」と、その動機を話してくれたことが、とても印象的であった。

このことは家族をもつ女性たちが、しっかりと将来の親の介護について考えている証しであり、頼もしい限りと感心したものであった。

私どもの事業所は、地元にあるホームヘルパー養成学校からの紹介による実習生の実習先となっていたことから、平成十三(二〇〇一)年から十年間ほど、ホームヘルパー希望者が実習に訪れていた。

当時の我が国における社会状況は、不景気が長期化して厳しい就職難であったことから、ハローワークでの求職者支援制度を活用して、ホームヘルパーの資格取得をめざした人が非常に多かった時期でもあった。私の事業所だけでも一回に二、三人の実習生を受け入れ、十年間では百人近くのホームヘルパー希望者に会うことができた。

その方たちの年齢は男女ともに二十代後半から五十代後半にかけての人が多く、働き盛りでヘルパー業務には最適であった。私はその都度、一人ひとりになぜホームヘルパーをめざしたのかを聞いてみると、やはり「身内の者が介護が必要となったとき、少しでもその知識があると良いのではないかと思って」と回答する人が圧倒的に多かったことも思い出す。

つまり農協婦人部や私の事業所での実習生における動機は、共に「将来の親のため」ということで一致していたこととなる。ただ残念なことに、この両方の人たちが修了証を取得した後、介護の現場で頑張っているかというと、そうでもないこともある。

しかしこのように、多くの人たちは将来的には家族に介護が必要になったとき、自分も力になりたいと思っているのは事実である。この思いをどうにか介護保険の制度のなかに組み込むことはできないかということを私は常に思案してきた。

令和二（二〇二〇）年に始まったコロナ騒動の影響で在宅勤務が増える一方、家族による在宅介護、つまり家族介護もよく見られるようになってきたといわれている。これは一つの社会の動きであり、家族介護の必要性が改めて問い直される時期がやってきたのではないかと思われる。

家族介護のための親子関係の改善について

急速な核家族化の進展に伴い、家族制度の崩壊ということがいわれている現代社会にあって、家族介護を実現する上で、親子の関係改善がまず求められる。

なにぶんにも現代は、核家族化の代償として、まさに親子の断絶ともいうべき事態にまで発展してしまった。そして子どもは親から離れ、自分たちの住まいを取得することによって、そのローン返済のために夫婦共働きが余儀なくされている。当然そのような状況にあっては、親の面倒を見るどころではない。

このような現象は、一方で独居老人や老夫婦世帯の顕著な増加傾向へとつながっている。家族との会話も途絶えてしまった高齢者は、日常の刺激も少なくなり、認知症を発症しやすい傾向にあるともいわれている。いうなれば家族制度の崩壊は、親子の断絶だけにとどまらず、認知症患者の増大の引き金にもなってしまったといえる。核家族化によるもう一つの大きな代償ではなかろうか。はたしてこの現実は、子どもの親に対する正常な姿といえるのか、というのが私が常々思ってきたことである。

とはいえ、子どもが親を見捨ててしまってよいというような考えをもっているとはけっして思えない部分もある。なぜならば前述したように、介護の講習を受けるきっかけとして、「将来、親が病気など何かあったときのために……」という考え方の人が圧倒的に多いからでもある。それだけに、核家族の状況下でも子どもは親に対して何らかの心配りをしているということも事実であることが窺（うかが）われる。

一方、親にあっては、我が子をいつまでも子ども扱いするような態度で接し、挙句の果てには「子どもに迷惑をかけたくないから……」という捨て台詞（ぜりふ）に近い言葉が口癖になっている人も多いのではないだろうか。昨今の親心でもあるだろうが、この考えは私には賛成できるものではない。私が考えるには、逆に子どもに対して大いに迷惑をかけることで「最後まで面倒を見るんだよ」と大胆に宣言するべきである。

この親からの言葉に対し、多分子どもは照れくさい表情をしながら「まったくしょうがっているからだ。

ないなぁ」と応じてくれるだろう。子どものほうも親から頼られることで優越感を味わっているからだ。

ただし、我が子に闇雲にお願いするのではなく、昔からいわれるように〝子の人格を認め尊重すれば、自ら子も親を尊敬し大切にする〟ということを十分理解した上での親子の会話であってほしいものだ。それによって親子の強い絆(きずな)と信頼が育まれるものと確信している。

また、家族介護で子どもにお金が支給されれば、親に対して子どもが「やってあげている」という気持ちよりも、親の面倒が見られて、親が喜んでくれて、さらにお金ももらえる、というまさに一石三鳥の状況になり、介護の喜びも膨らむに違いない。

何がどうあれ、〝親の面倒は子どもが見る〟という理想像を、この機会にぜひ再認識して、新たな日本の家族のカタチとして作り上げてはどうだろうか。

いつの世であっても親子の関係は切っても切れない存在だけに、親子間における〝家族の平和は、あらゆる平和を生む基盤である〟ということを胸に素直に実行したいものだ。

今こそ親子の関係を本来あるべき良好なものへと改善すべきであり、夫婦による老老介護の解消にも是非つなげていきたいものだ。

家族介護の担い手を将来のヘルパー人材として活かす

かつて〝家族介護の現金支給〟についての議論が起きたとき、反対論として、家族が自宅で介護するといっても、本当に家族が介護をしているのかわからない、という意見もあり、立ち消えになってしまった。

その一方で、子どもが一般企業などを退職して家族介護に当たる状況を昨今よく耳にする。いわゆる介護離職である。その結果、収入が途絶えて生活苦に追い込まれ、親を殺してしまったり、親子心中などという悲惨な事件も起こり、大きな社会問題となっている。

そこで私が提案したいのは、企業を退職と同時にヘルパー講習を受講し、最短で修了証を取得することから始め、その直後に居住地ないしは近隣の訪問介護事業所にホームヘルパーとして登録することだ。男女を問わず企業戦士から介護戦士へ転職することで、ホームヘルパーとして介護サービスを提供するということ。当然そこには他の登録ヘルパーと同じ条件のもとで、家族の介護を含め他の介護を必要とする方にもサービス提供に入ることとなる。また、家族介護にあたっては、ケアマネジャーが作成したケアプランに従い、事業所のルールにものっとってサービス提供が行われる。これなら本当に家族の介護を行っているかといった疑心暗鬼も消え去るだろう。訪問介護事業所の職員であることから当然給料も支払われるのである。その給与が以前よりも少ないとしても、生活苦になる心配からは逃れられると思う。

ホームヘルパー不足の今日、訪問介護員としての資格を取得していればどこの事業所へ行っても即採用され、ホームヘルパーとして働けるだろうし、登録ヘルパーであってもやり方次第でそれなりの収入を得ることは可能だ。

いずれにしても自分の家族の介護もでき、生活の心配もないとなればまさに一石二鳥で、同時に家族と社会から必要とされる貴重な存在となりうるであろう。

以前話題になりながら日の目を見なかった〝家族介護の現金支給〟であるが、これに代わって正々堂々と訪問介護事業所からの給与によって生計を立て、親のためにもなる方法として〝家族介護の給与支給〟のあり方を提案したい。

ただし現時点での制度では、介護事業所に所属しているホームヘルパーであっても、家族に対する介護は介護報酬の対象外となっているため、まずはこの問題をクリアにしなければ〝家族介護の給与支給〟の実現は困難であるのが残念でならない。

たとえ家族であっても介護が仕事として認められ、賃金を得ることができれば、先に述べたように家族の絆も強まり、介護が生きがいにつながっていくのではないだろうか。また不足しているといわれる老人介護施設等の社会資本の活用の抑制にもつながり、今後さらに深刻化する超高齢化社会で暮らしていくための基盤づくりにも役立つであろう。

今後の介護のあり方として、このことは非常に重要性を帯び、その必要性に迫られることは間違いない状況となることだろう。

さらに私が強調したいのが、こうして家族介護を経験した人たちには、その後もぜひ介護業界で経験を活かしていただきたい、ということである。家族を看取ったあとに、今まで所属していた訪問介護事業所等にそのまま所属し、ホームヘルパーとして今後は地域の高齢者の方たちにサービスを提供する担い手になってくれれば、これほど嬉しいことはない。

今まで埋もれていた人材を活用する意味でも、〝家族介護の給与支給〟をきっかけとして、家族介護からホームヘルパーという介護の専門職への道筋をこれからの社会に描いていければ幸いと考える。

相続は介護した家族を優先せよ！

親の介護は、日本の社会では長く家族の役割であり、責務であった。しかし社会の環境が変化した今日、大家族から核家族化、独居へと家族のカタチも変わりつつあるなかで、我が親といえども家族だけでは支えきることが難しくなった高齢者を、社会で支えようとする〝介護の社会化〟がいわれ、社会がそれを支持したからこそ介護保険制度が誕生したのである。

介護は社会が担う――。それは、やはり絵に描いた餅であったのではないか。

少子高齢化が進む我が国で、制度だけによって高齢者福祉の充実を求めるのは人的にも、財政的にももはや不可能である。やはり介護における家族の力は必要なのである。

しかし今のままでは、誰もが納得のいく家族介護の実現は困難であろう。私は時代を二十年以上さかのぼれ、といっているのではない。今一度、家族介護のあり方を考えてみてはいかがかと、提案しているのである。

そのため私は未来の家族介護のあり方の提言として、加えてもう一つ、介護した家族にのみ相続権が発生するという仕組みの法改正をしてはいかがかと考える。

人々がどうすれば介護を積極的に行うかを考えたとき、その人の介護の行為が報われることが大切ではないだろうか、と思われる。そのためには大胆に、介護をした者のみが財産を相続する、という制度を整えてはどうだろうか。

つまり、昔の長男、長女を優先したように、親の介護を積極的に行った子どもを優先せよということである。

親からの財産相続にあっては、子どもたちの間で争いごとが起こるのは、よく聞く話である。特に親の面倒を見てきた者と、全く無関心であった者とが、相続のときに子どもたちは皆平等というのは納得いかぬと確執が生じ、損得勘定（感情）へと発展することが数多くある。昔は、長男や長女が家督をついで、否応なしに親の面倒も見てきたものだが、現在では子どもたち全員が平等配分に近い状態となっているため、ともすれば親の面倒を誰も見たがらない、そんな時代である。

しかし私が思うには、親の介護で実際に汗したものに対して、すべての財産が受け取れるようにすれば、随分と状況は変わるはずである。それによって子どもたちの間では〝親の介護の持ち回り〟ということも大いにありうるだろう。そうなれば親自身もきっと喜ぶであろうし、その結果、子どもたちによってスムーズに等配分で相続が行われれば、争いも減るのではないかと思われる。

もちろんこれは、かつてのように家族介護に一〇〇パーセント委ねるものではない。在宅での家族介護であっても、私どものような訪問介護事業所を上手に活用することをおすすめする。そうすることで最後まで自宅で過ごしたいという親の気持ちに応えられ、残りの人生を見守れることは素晴らしいことではないだろうか。一方、親にとっても世話をしてくれた子どもに資産を残すことは納得できるものになるだろうと思う。

二十年経った現在においても、家族介護の現実が存在するのも事実である。私はそれを評価し、むしろ家族介護と介護の社会化の共存こそが、日本がこれからの高齢化社会の生き延びる道ではないかと考えている。

国における介護（ヘルパー）役（えき）制度の実現

国はヘルパーの人材不足に対応するため、介護分野における特定技能外国人の受け入れを積極的に進めている。だが、このことが国が思い描くような人材確保につながっているのかについて、私は把握していない。

しかし介護業界での人材確保は必要不可欠で、特に訪問介護においては喫緊の課題でもある。そこで私の介護人材不足に関する、もう一つの提言を行いたい。

それは全国民に向けて〝ヘルパー役制度〟を設け、男女を問わずすべての日本国民が、生涯において必ずヘルパーを経験することを義務とする、というものだ。かつての時代に男性には兵役が課せられていたように、ヘルパー役を義務化するのである。

私の想定としては、ヘルパー役の対象者は一定の年齢に達したすべての男女であり、その人たちが一定の期間訪問介護事業所や通所施設、老人ホーム、介護施設などで介護業務を体験する。そうすることでまず一気にヘルパーの人手不足を解消することができる。さらにすべての国民が介護を体験することで、この業界の状況を深く理解ができるようになる。こうした経験は、今後社会に出たときに必ず役に立つであろう。また、介護に興味をもった人たちには、そのまま介護分野で活躍する人材として育っていってもらいたい。

ヘルパー役は兵役と同様に義務ではあるが、人を殺めるために戦争に赴く兵隊と異なり、人のために尽くす、人に役立つ意義のある仕事である。若い時代にこうした経験をすることは、けっして将来の人生の無駄になることはないであろう。

新型コロナウイルス感染症の広がりでは、医療現場における看護師等のマンパワー確保が非常に困難な状況となり、スタッフ不足が大きな社会問題となった。これを教訓とし、今後起こりうる医療、介護の現場での人的不足を解消するうえでも、ヘルパー役の早期実現が必至と思われる。

一方、ヘルパー役で培った介護の経験と同時に、医療に対する知識も少なからず身につくことで感染症の怖さや医療現場の重大性を認識し、今回のコロナ禍を含め、様々な危機においての自身の行動への責任と意識も高まることであろう。

ヘルパー役では、かつての兵役と同様に給与を支給する。安定した収入を得て、安心して働ける環境を作ることを国が約束する。

その財源に関しては、「ヘルパー役税」を創設することで、現行の消費税を下げてバランスの取れた税負担にするのも一案である。誰もが将来、必ず迎える高齢者という時代を安心して過ごすために必要な財源を国全体として確保することに何のためらいをもつことがあろうか。

現在の消費税のように社会保障費に充てられるといっても使途が多様であるのとは異な

り、介護の分野だけに特化した税金を徴収することで財源を安定させ、私たちすべての人の未来の安心を築いていきたいと考えている。

理想の介護とは！

介護サービスの提供にあたっては、利用者さんに対してもっとも重要で基本的なものとして「利用者さん本位」あるいは「利用者さんの意思の尊重」ということがいわれている。実際にヘルパーの講習に使われている教材のトップには、この二つの言葉が強調されていて、まさに介護サービスにおける一丁目一番地であると思われる。利用者さんを敬う意味合いからも、品格と崇高さを帯びた言葉である。

とはいえ、この二つの言葉について、サービスの提供にあたってはどの程度考慮すべきなのか、ということに対して戸惑ってきたのが、この日本の二十年間でもあった。

たとえば訪問介護の場合、利用者さんが保険外のサービスを希望してきたときには、当然、断らざるを得ない状況にあるが、ホームヘルパー個人としては内容によって「これくらいやってあげてもいいじゃないか」と思うことも多くあるのが現実である。まして家族などの手を借りられない独居の利用者さんに対してはなおさらである。

また通所介護サービスや施設介護サービスにおいては、本格的な入所を含めデイサービスやショートステイへ行くことに対する抵抗感の強さ、あるいは施設でのリハビリを兼ねた運動に対して非常に消極的な利用者さんもいる。家族等の説得によってしかたなく行かざるを得ない状況もよく見聞きするが、本当の意味で「利用者さんの意思が尊重」されているといえるのだろうか。私は疑問をもつところがある。

もちろん訪問介護においては、介護保険外のサービスをホームヘルパーが行うことができないことについて、きちんと説明をすれば理解を示してくれる利用者さんも大勢いる。一方、施設での介護においても、自ら進んで赴き、様々なメニューに積極的に参加し、大いに楽しんでいる利用者さんも多いことは事実である。

しかしながら様々な考え方のなかで、〝無理が通れば、道理が引っ込む〟ということが大いにあるように、無理強いすることで、その方の人格を否定してしまうことになる恐れが十分にあることを、私ども介護サービス事業者は忘れてはならない。

そのためにも、利用者さんにとって思うがままのサービス内容を考えてあげることが最重要であり、そこにはじめて介護の一丁目一番地である〝意思の尊重〟と〝利用者本位〟というものが本格化されると私は確信している。

つまり、すべての利用者さんにあっては〝人生の最後は自分で決めて実行する〟くらいの精神であるべきだと思うが、いかがだろう。

私が常々思っている理想の介護とは、先にも少し触れたのだがあえて再度申し述べると、

――長く住み慣れた地域と我が家において、自由気ままに自分らしく、安心して、納得と充実した毎日を送ることによって、人生最後にして最高の幸福と満足感を味わうことができる――

そんな介護サービスであり、保険制度であってほしいとひたすら願うものだ。

そしてサービス提供者はこの理想の介護に向かってサポートしていくことができれば、それは最高の介護であり、究極の介護サービスでもあるといえるのではないだろうか。

人間誰しもができる限り長生きしたいという願望をもち、日々それに向かって様々な努力を重ねている。だが、人生の最後をどのように終えるのかを考えるのは、それ以上に大

切なことであると思う。

幸いにして現状の介護保険制度にあっても、生涯を在宅で過ごすことは可能である。つまり、医療の分野での訪問診療や訪問歯科、介護では訪問介護のほかに訪問看護、訪問入浴、訪問リハビリがあり、その他に福祉用具の貸与や宅配弁当などを利用することによって、十分に在宅生活が可能な状況で不安はない。

ぜひ利用者さんには、厳しい仕事環境のなかで精一杯頑張っているホームヘルパーたちに心を寄せながら、これらのサービスをうまく利用して、素晴らしい一生を終えていただきたいとひたすら思うものである。

おわりに

ヘルパー不足で、訪問介護事業に少しずつ陰りが見え始めた頃のある日、東京都の職員と電話越しで制度についての問答中のことだ。

「使いづらくてまったく利用者さんのためになっていない。こんな制度は今すぐすべてやめるべきだ」と、私はいい切った。

「それなら、どうして今の商売を続けているんですか」

その職員は半分皮肉混じりで返してきた。

「自分が考えているような状況になっていくかを見届けるため、今も続けている」

そうかわして、一種のお笑い問答のような会話で終始した。

そうなのだ。私には、介護保険制度が本格的に始まる前から、この制度とは大いなる関わりがあったのだ。だからこそ私には、なんとも納得のいかない制度であっても、投げださずにしがみつく理由がある。

私がこの世界に足を踏み入れた経緯について、お話しよう。

私は介護保険制度が始まる前年の平成十一（一九九九）年四月に予定されていた三鷹市議会議員の選挙で、三期目の当選をめざしていた。その年の一月頃から後援会を主とした選挙活動に奔走していた。

当時の後援会活動用のパンフレットには、当然ながら翌年から始まる介護保険制度についての一項目を設け、私の考えを示した。

「介護保険制度の導入を控え、その受け入れ体制を整える一方、制度の内容についても充実を図ります」と書き記した。

さらに後援会の方たちには口頭で付け加えて、

「介護保険を利用される方の意思の尊重を最重要視しながら、長く住み慣れた地域と我が家において、自由気ままに自分らしく、安心して、納得と充実した毎日を送ることによって、人生最後にして最高の幸福と満足感を享受できるような制度に育てていきたい」

というような内容で熱く持論を展開し、理解を求めたのである。

私はその後、平成十二（二〇〇〇）年五月二十三日に有限会社オレンジハートを設立し、三ヵ月あまりあとの九月一日から、居宅介護支援と訪問介護の二つの事業をスタートした。以来二十年間、この制度の成り行きを見届けながら今日に至っている。

令和二（二〇二〇）年は世界中の人々がこれまで経験したことのないような恐怖にさらされた。新型コロナウイルスの感染拡大は、私たちの暮らしや経済に大きな影響を及ぼしたが、もちろん介護業界も例外ではない。

私がこの本を書いている年末にも、悪いニュースが届いてきた。老人福祉、介護業界での倒産や休廃業・解散が、介護保険制度が始まって以来、年間最多を更新しそうである、というものだ。特に影響が大きかったのが訪問介護・通所介護事業で、その一つの要因として当然のごとくコロナ禍で高齢者が感染防止のために利用を手控えたことがあげられている。同時に慢性的な人手不足に加え、感染を恐れて介護現場を去っていく状況が顕著で、ますますヘルパー不足に陥り将来が非常に不安視される。

介護保険制度がスタートして二十年。オギャーと生まれた赤ん坊が成人を迎える年月を経たことになる。だが、本制度はこの長い年月を費やして立派な大人になっただろうか。

私には到底そうは思えない。

　生まれた当初は未熟であるのは当然であるが、徐々に経験を積むことで、自分の弱いところを改善し、補い、成長していくのは人も制度も同様であろう。だがしかし、私は介護保険制度がこの二十年間で国が誇る、高齢者が安心できる制度として成長してきたとはまったく思えないのである。何が問題であるか、なぜ現場の人々は戸惑い去っていくのかは、これまでこの本に記したとおりである。

　さて、私たちの未来はどうあるのか。介護業界の行く末はどうなるのか。私一人では微力であっても、多くの人々が疑問に思い、本当に自分の未来がこれで良いかを考えたとき、それは大きな力になるであろう。

　介護保険制度、特に訪問介護サービスは、高齢者の最後の時間を豊かにする要であると私は考える。だからこそ他人事とは思わず、自分の身になってみんなで日本の介護の未来を考えていこうではないか！

　令和三（二〇二一）年度は制度改正の年でもある。本書が書店に並ぶ六月頃にはすでに改正された制度のもとでサービス提供が行われているであろうが、果たして改正の内容やいかに？

最後に、私がこの事業を手がけるにあたり、会社の設立当初から参画していただき、事業所としての建物まで提供してくださった方をはじめ、多くの理解者や協力者、優秀なスタッフに恵まれてきたことでこの二十年間という長期間にわたり、営業を継続してこられたことに対し、心からの感謝と御礼を申し上げたい。

昨今、人生百年時代といわれているなかで、高齢者の皆様には介護サービス利用の有無にかかわらず、元気で百歳を迎えていただきたい。そのためのエネルギーとして、八十八歳で独居のばっちゃんをモデルに私が作詞した『シルバー人生まっ盛り』の歌詞をお届けする。読者の皆様には各々の楽曲をもって口ずさんでいただければ幸いであり、それを期待しながら本書の結びとさせていただく。

シルバー人生まっ盛り　作詞　堂前　雄平

一、凍てつくような暮らしのなかで

八十八（よね）のばっちゃん独（ひと）り待つ
あんたの笑顔がなによりと
息子に背いた侘しさを
微笑み合って慰める
ほら見て　これ見て
一・二・三・四・介五の力　あんたのお陰
心と身体（からだ）のハーモニー
今度いつ来るいつ会える
白寿（はくじゅ）の日までお付き合い
灰色人生おさらばよ
シルバー人生まっ盛り
和服の似合う粋な女（ひと）

二、オレンジ色のハートにふれて
八十八（よね）のばっちゃん今日も待つ

あんたの優しさなによりと
そっと目頭熱くして
苦労話に花咲かす
ほら見て　これ見て
一・二・三・四・介五の力　あんたのお陰
心いっぱいありがとう
初めて知った世の情（なさけ）
生きててよかった証（あかし）よね
バラ色人生夢のよう
シルバー人生まっ盛り
おちょぼ口した可愛い女（ひと）

三、若いもんには負けるもんかと
八十八（よね）のばっちゃん待ち侘びる
あんたのパワーがなによりと

握手を交わすその手には
命の源（みなもと）湧いてくる
ほら見て　これ見て
一・二・三・四・介五の力　あんたのお陰
身体いっぱいリフレッシュ
お父のもとへはまだ早い
ひと花ふた花これからよ
第二の人生まっしぐら
シルバー人生まっ盛り
マニキュアしてる洒落（しゃれ）た女（ひと）

著者プロフィール

堂前 雄平（どうまえ ゆうへい）

昭和22（1947）年３月、石川県に生まれる。昭和46（1971）年、中央大学卒業。翌年より衆議院議員小山省二氏の秘書を務める。昭和56（1981）年に当時34歳の最年少で東京都議会議員選挙に立候補するが落選。平成３（1991）年より三鷹市市議会議員を２期務める。
平成11（1999）年、自ら作詞作曲した「こころの雨」「ごくろうさん」の２曲がキングレコードより発売される。翌年５月、有限会社オレンジハートを設立し、代表取締役に就任。９月１日より居宅介護支援と訪問介護事業を開始し、現在に至る。また平成28（2016）年よりいしかわ（石川県）観光特使に任命され、現在も活動中。

訪問介護事業は消滅する 介護の神髄

2021年６月15日 初版第１刷発行

著 者 堂前 雄平
発行者 瓜谷 綱延
発行所 株式会社文芸社
〒160-0022 東京都新宿区新宿１－10－１
電話 03-5369-3060（代表）
03-5369-2299（販売）

印刷所 株式会社エーヴィスシステムズ

ISBN978-4-286-22372-8